貝原俊民［著］

# 兵庫県知事の阪神・淡路大震災

## ―15年の記録―

1995年1月17日

丸善株式会社

# 知事の回顧録に寄せて

「この度は違いました。真っ暗な闇の中で、大地の悪魔は、突然家を持ち上げ地面にたたきつけ、それでも気が済まず、両手で家を左右に引き裂こうとしました。本気で殺しに来ている！　何故だ。四角い室が菱形に引き伸ばされ、家中にタンスやテレビが飛び交うのが暗闇の中でも分かりました。」

普通の地震とはまったく異なる直下型大地震の瞬間を、私は五日後に大阪堺市で行われたゼミ生森渉君の告別式での弔辞において、このように表現した（読売新聞　一九九五年一月二七日「君は志をもって生きた―阪神大震災で逝った教え子へ」）。

一九九五年一月一七日。午前五時四六分、淡路島北端を震源（地下一六キロメートル）とするマグニチュード七・三の兵庫県南部地震が突発した。六甲山の南麓に沿っての細長い平地、神戸市から阪神間の都市部が震度七の烈震に襲われて壊滅した。多くの人が承知している遠くからの地震は、まず、リードの横揺れが始まり、やがてドンと本揺れに入るのに対し、直下断層が動くときはまったく違う。いきなりガーンと家ごと空中に放り上げられる。宙に浮いている間に横揺れが加わるので、伝統的な二階建ての木造住宅は一階が同じ方向に斜めに倒れ、二階がつぶれた一階の上に着陸したように乗っかる。鋼鉄の電車も跳ね上げられ、横揺れが加わるので車輪が線路を傷つけることなく脱線している。伊丹駅ビルは三階がホームであった。水平進行用の強度は十分であったが、鉄の塊が落下する重量は想定していない。電車が下階を押しつぶし、一階の交番所で勤務中であった警察官二人が生き埋めになった。新幹線の高架が何ヵ所も崩落し、高速道路が横倒しになった。

わが家の応接間の南東に置いてあったピアノが北東の角に吹っ飛んでいた。リビングは本や食器や置物などが床を膝の高さ近くまで折り重なって埋めていた。にもかかわらず、家族四人がそれぞれ二階のベッドで寝ていたため、幸い無事であった。南隣の社長さんの豪邸（日本家屋）は夜が明けると消えてなくなっていた。それなのに私のような庶民の家が、地震の間に二五センチメートル移動し、傾いたものの、崩壊しなかった。それはたまたまツーバイフォーの新建材による家を建てていたからであった。地震後になってわかったことがあるが、震度七地帯では古い日本家屋がほぼ全半壊であり、時にビルですら座屈したり傾いたりしているのに、プレハブやツーバイフォーの軽い新建材の家はまったくといってよいほど壊れなかった。壁が組み合わされたキューブのようなものので、投げても壊れにくいのだという。家屋に関する限り、おびただしい犠牲を伴った貴重な実験結果が出ているのである。

阪神淡路大震災による兵庫県内の犠牲者は、直接死が五四八三人、関連死の九一九人を加えると、六四〇二名、負傷者は四万人を超えた。大阪府、京都府を加えた犠牲者総数は六四三四人に及ぶ。

一年後の厚生省の死因調査によると、家屋倒壊による圧死が七七パーセント強、焼死が九パーセント余、家具などによる死が八パーセント余、ショック死が一パーセント余となっている。

他方、救出された人々について、本書は河田惠昭教授の研究に基づく興味深い数字を示している（「誰が人の命を助けたか」（一一ページ）参照）。倒壊家屋に閉じこめられた一六万四〇〇〇人のうち七九パーセントが自力で、二一パーセントにあたる三万五〇〇〇人が他人に救出された。人に救い出された者のうち、七七パーセントが家族や近所の人に、警察など公的機関によって救出されたのは二三パーセントにあたる七九〇〇人である。いかに民間の自助・共助が重要であるかを本書は語っている。

被災地全体では、全半壊家屋は二五万棟に及び、群発した火災で焼けた家は、七〇〇〇棟を超えた。一〇〇〇ヵ所を超える避難所に逃れた人はピーク時に三一万人以上となった。総被害額は一〇兆円にのぼった。平和な戦後日本にあって、すべての自然的、人為的災害の中で飛び抜けて大きな災害であった。



震災時の兵庫県知事自身が、ついに当時を振り返って率直な回想を綴った。それが本書である。当時はおびただしい犠牲に伴う激情が逆巻き、やり場のない悲嘆と憤りが被災地にあふれていた。世界に感動を与えたほど、この地の被災者の振舞は立派であった。とはいえ同時に当局は何をしている、との憤怒も存在した。これほどの悲惨が広がった以上、誰かに責任を問わずにはおれない。

不可抗力的な大災害の突発に対して、知事であれ、市長であれ、対処できることが多かろうはずもない。地方自治体そのものが壊滅的打撃を受けた中で、迅速果敢の救援活動を展開できるはずがない。にもかかわらず、首長には事実関係と道理を超えた批判がしばしば浴びせられる。本文にもあるように、当時、貝原知事は弁明を自らに禁じた。何と言われようと自己弁護はせず、被災者の救援と被災地の復興に、不眠不休でなせる限りの努力を傾けた。一五年を経たいま、当時の知事はようやくありのままを本書に語ることを自ら許したのである。

奇襲攻撃をまともにくらったこの地であった。しかも激烈な奇襲攻撃であり、災害時に救いとなるはずの県庁が用意した新兵器・衛星通信システムもダウンし、県庁は情報ブラックアウトに近い事態に陥った。事態認識のないところ、効果的な対応はあり得ない。緒戦の敗北は否めなかった。

しかし知事は復興に向かって力強い指導力を発揮する。とりわけ、東京の中央政府主導の復興でなく、兵庫被災地の実情を踏まえ、現地の自主性を尊重した復興でなければならないと考え、そう政府に要請したことが重要である。「現地主導、政府の大きな支援」という協力関係を築いて、復興を軌道に乗せた。

しかも、地震前の旧状を回復する「復旧」ではなく、この悲惨を本来あるべき立派な社会を創設する機会とする「創造的復興」を掲げた意義は大きい。私自身、知事を中心とするこうした理想主義に当時、心を動かされたことをなつかしく想い出す。地震後まもなく、家族を安全な広島に逃がし、被災地でジプシー生活をしていた私は、知事から「都市再生戦略策定懇話会」への招集を受けた（九九ページ参照）。窓ガラスが破れた暖房のない県公館へ赴くと、知事の挨拶で開会となった。「ご自身も被災者でありながら、復興に力を貸して下さった皆様に深く感謝したい」という知事の冒頭の言葉に、私は悲惨の極みにあって人間性を見失わないリーダーシップの存在を感じることができた。これはひょっとするとモノになるかもしれない、という予感どおり、会議では東京から駆けつけた下河辺淳、長富祐一郎氏らが、地元主導の創造的復興を力強く励ましたのをはじめ、逆転勝利に向かって熱く燃える議論が噴出した。

当時の頑固なしっかり者であった後藤田正晴氏の「焼け太りは認められない」の言葉に示されるとおり、東京は「創造的復興」論を無限定に容認したわけではなかった。被災者の個人住宅の再建に公的資金を投入することは「法体系の整合性」を名に拒否されたし、経済特区を被災地に設立することもかなわなかった。しかし、被災地が「創造的復興」への意志を熱く保ったからこそ、近代化の中で故郷を失った都会人の間にコミュニティを再興する試みが着手されたし、ルミナリエを灯し、西宮に芸術文化センターを設立し、淡路島に安藤忠雄氏の手による淡路夢舞台国際会議場をつくり、アジア・太平洋フォーラム淡路会議を毎年開催することができたのではなかろうか。防災士機構を創設し、HAT神戸の新都市に人と防災未来センターやこころのケアセンターを含むシンクタンクを設立して、日本のみならず世界の減災に貢献する制度づくりに動いたことも注目される。結局は、一〇兆円の総被害額の大震災に対し、一七兆円もの復興資金を得ての復興事業となったのである。

本書の著者は、自治省出身の県知事という実務家であるが、思想史への関心も深く、大震災によって露呈した近代物質文明の限界を超えて、新たな二一世紀文明を尋ね求め、「平和の技術」を提唱する精神の持ち主である。そのことは本書を奥深いものとしている。

復興に類稀れな指導力を発揮していた知事が、任期を一年残して突如辞任したことは人々を驚かせた。本書はそれについて陛下の二度目の行幸啓を得た後という契機を明らかにしている（六五ページ参照）。辞任の記者会見において、知事は、あの瞬間から多くの犠牲者のことを一日たりと忘れたことはなかった旨を語った。合理的に負うべき責がいかほどであるかはともかく、知事として県民の悲惨に対する人間的な自責を表明して、自らを処したのである。この地の歴史にあって最も悲惨なときに、類稀れな人物をわれわれは知事としてもつことができたのだと、そのときに感じたのを想い出す。

二〇〇九年　盛夏

五百旗頭　真

〔防衛大学校長・神戸大学名誉教授
（財）ひょうご震災記念21世紀研究機構
副理事長兼研究調査本部長〕

# 序

関東大震災（一九二三年九月一日）から一二年余が経過した一九三五年一〇月、寺田寅彦博士は、「日本人の自然観」という有名な随筆を発表された。その中で、日本とヨーロッパの気候、風土などの違いを文明論的な観点も踏まえて詳細に比較検討し、日本人の自然とのかかわり方について説得力のある考察を示しておられる。この考え方は、その後のわが国の災害対策のあり方についてはもちろん、広く多方面にわたって大きな影響を与えたところである。その基本は、伝統の積み重ねの中から生まれた日本文明を、いま一度みつめ直すことの重要性を指摘されているように思える。

ところで、第二次世界大戦から五〇年が経過した一九九五年一月一七日、阪神・淡路大震災が発生した。成熟した都市を襲った直下型地震としては、人類史上初めてのものだといわれている。「成熟した」という表現の意味は必ずしも明瞭ではないが、関東大震災時と比較すると、大きな変化があることは事実である。わが国の人口が約五八〇〇万人から約一億二六〇〇万人に激増し、加えて農村から都市への人口の大移動によって全国で過密過疎の状態が起きている。また、経済規模は、戦後の高度経済成長を経て格段に大きなものとなり、それに伴って国民の生活水準も極めて高度なものとなっている。さらに、新憲法の施行に伴いわが国の行政制度は、中央集権型から分権型へと改められ、それまで政府が一元的に所掌していた災害対策についても第一義的には地方が責任をもつこととされた。一方では、交通運輸技術や情報通信技術をはじめ、災害対策にかかわる科学技術について著しい進歩があって、いまも止まるところを知らないほどである。

これらの大きな変化からすると、寺田博士の考察はもはや現実的妥当性を失ったかにみえる。しかし、本質的なところはそうではなく、むしろそのことについていま一度、深く思いを巡らすべきだと考えられる。阪神・淡路大震災において、私たちが実感した基本的な教訓は、いま近代科学技術文明がグローバリズムの名のもとに世界を覆い尽くしつつあるが、その中心的な理念である物質主義と個中心主義に限界があるということである。

ルネサンス以降、物質を中心とする科学技術の発展は目覚ましく、いまや人間の力では制御できないものまで生まれつつあるが、しかしその成果物も地震という自然の大きな力の前では無力であった。神ならぬ人間は、自然の前にもう少し敬虔《けいけん》でなければならない。

また、個が自由に行動することにより大きな活力が生まれ、全体としては調和しながら人類社会は進歩するという考え方も、人間が志高く努力することは大事なこととして尊重すべきであるとしても、個の自己主張だけに走るのではなく、お互いに助けあっていく共生の理念をもたなければならない。このことも、震災後の被災者の行動から学んだことである。

寺田博士は、先述の随筆の中で「私は、日本のあらゆる特異性を認識してそれを生かしつつ周囲の環境に適応させることが日本人の使命であり存在理由でありまた世界人類の健全な進歩への寄与であろうと思うものである。世界から桜の花が消えてしまえば世界はやはりそれだけさびしくなるのである」と述べておられる。大地が揺れて多くの人の命が失われ、街が廃墟と化したのを目の前にして、私の心に深く刻まれた実感は、まさに〝桜の花〟が消えつつあり、そうであってはならないという感慨であった。

専門家によると、阪神・淡路大震災以来、地球規模で地震の活動期に入ったといわれ、また、地球環境の変化に伴うと考えられる異常現象が多発しつつある。自然災害だけでなく、テロなどの人為災害も増勢の一途である。これから人類社会は、自然的あるいは人為的災害に対する有効な手法を開発していかなければならない。阪神・淡路大震災が新しい類型の災害であり、今後は、都市化、高齢化が世界的規模で進行すると予測されているだけに、私たちの経験は今後の災害対策に多くの示唆を与えるであろう。

震災から一五年が経って、多くの対策の成否も客観的にみえてきたので、災害対策の現地責任者であった私としては、先述した阪神・淡路大震災から学んだ教訓を基本として、この機会に改めて当時の記録とそれから得た知見を以下に記録することとした。〝災害列島〟といわれる日本は、災害対策の進歩・充実の分野で、国内において成果を得ることはもちろん国際的にも先導的な役割を担っていかなければならないと考えられる。本書がそのことにおいて成果を得ることについて、いささかなりとも役立つことができれば、私の望外の喜びとするところである。

ただ、阪神・淡路大震災にかかわる災害対策や復興対策の施策内容については、公式記録や実務担当者による記録（「翔べフェニックス」（(財)阪神・淡路大震災記念協会、二〇〇五年一月）「阪神・淡路大震災　医師として何ができたか」（(株)じほう、二〇〇四年一〇月）などが公表されているので、ここでは、それらの背景に責任者としてどのような思いをもっていたかを中心に記録することとした。したがって、重要な事項でも記述がないものがあることをお断りしておきたい。
また、第Ⅱ編第8章では、私の知事辞任後の進行状況について、それぞれのプロジェクトの行政側責任者であった井筒紳一郎（元兵庫県秘書課参事・審議員）、三木孝（神戸市企画調整局企画調整部長）、西野正矩（元兵庫県立芸術文化センター副館長）、岡田泰介（元兵庫県産業労働部産業政策局長）、杉本博（元阪神南県民局二一世紀の森整備室長）の諸氏に記述していただいた。そのご好意に対し、ここで深謝したい。

二〇〇九年　盛夏

貝原俊民

# 目　次

# I 災害対策

# 第1章　分権型社会の危機管理

## (1) わが国に危機管理はあるのか

阪神・淡路大震災において、わが国の危機管理についての多くの欠陥が露呈した。一九九五年九月、当時の総理府阪神・淡路復興対策本部の主導により開催された「復興国際フォーラム」で、韓国の韓泳奏二一世紀ソウル研究センター部長（当時）が、「阪神・淡路大震災によって、多くの日本国民は、国家に信頼すべき危機管理システムが備わっていないということを認識することになったのではないか」と指摘されたほどである。

もちろん、ある程度予知できる台風などによる水害や土砂災害、中規模以下の火災や地震、津波についてては一定の経験も積んでいたわけであるが、阪神・淡路大震災のような突発的な大災害は第二次世界大戦後初めてのことであり、日本の危機管理は十分だったのかということになると、残念ながら不十分であったことを認めざるを得ない。

全国の府県別にどの程度の地震があったかという震度別地震回数表（表1）によると、たとえば

**表1　震度別地震回数表（1994年）**

| 区分 | 1 | 2 | 3 | 4 | 5弱 | 5強 | 6弱 | 6強 | 7 | 合計 |
|---|---|---|---|---|---|---|---|---|---|---|
| 千葉県 | 38 | 11 | 4 | 1 | 0 | 0 | 0 | 0 | 0 | 54 |
| 東京都 | 53 | 22 | 18 | 5 | 0 | 0 | 0 | 0 | 0 | 98 |
| 神奈川県 | 25 | 7 | 2 | 1 | 0 | 0 | 0 | 0 | 0 | 35 |
| 新潟県 | 8 | 4 | 0 | 0 | 0 | 0 | 0 | 0 | 0 | 12 |
| 静岡県 | 27 | 13 | 2 | 1 | 0 | 0 | 0 | 0 | 0 | 43 |
| 愛知県 | 8 | 3 | 2 | 0 | 0 | 0 | 0 | 0 | 0 | 13 |
| 三重県 | 9 | 3 | 2 | 1 | 0 | 0 | 0 | 0 | 0 | 15 |
| 京都府 | 11 | 2 | 2 | 1 | 0 | 0 | 0 | 0 | 0 | 16 |
| 大阪府 | 3 | 2 | 0 | 0 | 0 | 0 | 0 | 0 | 0 | 5 |
| 兵庫県 | 13 | 4 | 0 | 0 | 0 | 0 | 0 | 0 | 0 | 17 |

出典：気象庁

震災前年である一九九四年、東京都では年間九八件、それに対して兵庫県は一七件である。しかも震度一や震度二がほとんどであった。東京都は震度三や震度四が結構多く、東京へ出張すると、よく地震を体感するので早く安全な神戸へ帰りたいといっていたほどである。「神戸、兵庫は地震のないところだ」ということを企業誘致のパンフレットにも書いていた。

地方自治体の責務の第一は、住民の生命、財産を守ることにある。突発的な大地震に対する十分な危機管理をしていなかったことは、いまにして思えば誠に残念なことであるし、深く反省している。兵庫県は、他府県並み以上の対策はとっていたのではあるが、だから十分だったとはいえない。突発的な大地震に対する危機管理を真剣に検討しておれば、県庁も二四時間の当直体制をとっていたであろうし、知事公舎の位置だって、当時は県庁から四キロメートルも離れていたが、県庁のすぐそばにつくっていたであろう。また、若干離れていても、たとえば警察官のパトカーによって登庁する緊急時登庁システムや情報システムを導入するなど、もっと対応ができていたはずである。

## (2) 危機管理は分権型か集権型か

第二次世界大戦においてフランスは、自慢の要塞「マジノ線」をナチス・ドイツに簡単に突破され、征圧されてしまった。当時のフランスはいわゆる人民戦線の勝利で、「自由をわれらに」のスローガンがものをいっていた時代であり、その民主的な体制はドイツの集権体制の前に無力だったのである。この事実を引用しながら、田中美知太郎京都大学名誉教授は自由社会あるいは民主制国家がもつ非常時の弱点をどう防ぐかという興味深い課題を呈示され、政府とマスコミのあり方について自らの見解を述べておられる[*1]。

ひるがえって、わが国の危機管理は明治憲法下では立憲君主制のもとで中央政府に全権をもたせる集権体制であった。アジアの植民地化を進める西欧列強に対抗するためやむを得なかったといえよう。しかし、国家総動員体制をとって国民に大きな犠牲を強いながらも、第二次世界大戦でアメ

*1　産経新聞（「正論」欄、二〇〇八年六月一日）（産経新聞「正論」欄の三五周年を記念し、当時（一九七三年九月三日）掲載された珠玉の論稿を再録したものである。）

リカを中心とする連合国に敗れてしまった。

その反省に立ってわが国は戦後、国民の基本的人権を尊重する国民主権の憲法を制定し、危機管理も分権体制をとることとされた。思想犯の取り締まりまで行った国家警察は都道府県警察(当初は市町村警察)となり、あわせて国家が管理していた消防は市町村消防とされた。災害対策についても第一義的に自治体が担うこととなったのである。

その後五〇年間、幸いなことにわが国は内外とも安定した状態に恵まれ、突発的な大きな危機に直面しなかった。この分権体制で日本の危機管理が機能するのかを初めて問われたのが、阪神・淡路大震災であったといえる。そこでは多くの欠陥が露呈し、わが国に国民が信頼できる危機管理があるのかという論調まで現れることになったわけである。

このような情況の中で、責任者の一人として震災対策にあたった私は、その経験の中から分権体制こそが最終的に危機を克服するものであると確信している。第二次世界大戦においても、開戦当初こそ集権体制であるドイツや日本が優勢であったが、最終的には敗戦国となってしまった。いくら優れた能力があっても少数の人の判断力や実行力には限界があり、それにすべてを依存する融通のきかない剛構造の体制は脆弱なのである。

特に大規模自然災害にあって、過度に政府の力を期待することは自助努力を怠ることとなり、かえって被害を拡大する恐れすらある。いま可能性が指摘されている東海、東南海、南海地震が同時発生した場合、首相官邸が人命救助にどれほどの力を発揮するであろうか。発揮できるように仕組みを改善しなければならないが、それにも限界があると思われる。したがって住民が、「自らの命は自らが守る」という原点に立って、家族、隣人、自治体などと一体となって、助けあっていかなければならない。

成熟した社会では、その構成員があらゆる点で相当の底力をもっているのであるから、それを被災時においても主体的に活用することが、強靱な柔構造の災害対応力につながるのである。このことは、危機管理にあっても住民主体の分権体制が有効であることを意味している。

しかし反面、国民や自治体はそのすべてが、災害対策について十分な理解や知識・経験を有しているとはいえず、初動期において立ち上がりが遅いことも事実である。そこで、そのことによる分権社会の弱点を補強する仕組みが、必要となるわけであるが、阪神・淡路大震災では、そのような仕組みが不十分であることに警告を発したといえよう。

## (3) リーダーの決断と責任

平和で安全な状態での生活しか知らない日本人の戦後世代の多くは、あらかじめ準備しておかないと、経験したことのない危機に対応することは難しいと思われる。日本人は、聖徳太子の「和をもって貴しとなす」という言葉を大切にするように、本来、考え方の前から和があって、みんな目立つことを避ける気質がある。こんな社会では、リーダーが突出して自分の判断で行動することは難しいし、たとえその判断が正しくても人間関係がうまくいかず、あまり評判がよくない。

特にこれまでの日本では、護送船団方式といわれる集団の組織力がうまく機能し、強いリーダーシップによるトップダウン方式よりは、ボトムアップ方式が評価されてきた。日本人の和を大切にする気質が時代の流れに合っていたといえよう。私の県政執行のタイプは、一般的には評判のよくないトップダウンのスタイルであると評されることが多かったが、知事公舎についての私の判断（「知事公舎」（五三ページ）参照）などを考えれば、真の意味でのリーダーシップに基づくものであったか反省しているところである。

どんな組織であれ、リーダーたる立場にある人は、正しい危機意識をもち、あらゆるシステムについて危機管理の視点からチェックしておくべきである。そして、その職務遂行に必要なことについては、情緒的な評判などに気を遣うことなく、毅然とした態度で決断しなければならない。

大震災の後、被災者のＰＴＳＤ（心的外傷後ストレス障害）などについていろいろご協力いただいた河合隼雄（元文化庁長官）氏から、リーダーの責任について興味深い話を聞いたことがある。

「危機が起きたとき、リーダーは自分の判断でパッとやらなあかん。でも成功したときに威張ったら終わり。成功した途端に、〝私は何もしてませんが、皆さんのおかげで〟といわなければならん。あとは、みんながどんどんやってくれる。大事なのは、責任は絶対とること」というのである。

危機は通常と異なる事態で発生するのであるから、それへの対応は、通常許されないようなことを実行しなければならない。しかも、プロセス自体が予定されていることを逸脱する場合が多い。

特に「官」の場合、他者の権利侵害を伴うことが多いので様々な制約を加えられているが、危機の場合にはそれらを無視しなければならないことがある。しかも、行動するかどうかを判断するにあたって、判断材料がすべて揃うわけではない。情報は断片的だし、十分な討議をする余裕もない。担当者はいないし、用意していた設備、装置も通常どおり作動しないケースが多い。

このような状況で最善の策をとることは難しい。したがって、後知恵による批判にさらされることが多い。リーダーたる立場にある人は、危機対策にあたって、いわゆる「独断と偏見」によって組織を動かすのであるから、それが後になって是認されるためには、その行為が結果として社会公共にとって善であったと評価されなければならない。

リーダーは、マニュアルにない決断を迫られることになるが、その場合の判断基準は、自らの正義感以外頼るものはない。個人の利害得失はもちろん、自分の属する組織の論理で判断することなど絶対に許されない。そして、その結果については、自ら責任をとることである。逆に、一切の責任はリーダーである自分がもつのだと覚悟すれば道がひらけるケースが多いと思われる。

太平洋戦争最後の決戦となった沖縄戦は、一九四五年六月下旬、悲惨な戦禍を残して幕を閉じたが、そのときの沖縄県知事は、神戸二中出身の島田叡氏だった。一九四五年の正月、米軍上陸は確実であり、知事に就任することは死地に赴くことを意味していたが、島田氏は多くの人が引き留めるのを振り切って、知事に就任されている。着任後は、民生官として、極限の戦時体制化にあっても人間性を失うことなく、自分の食事を病人に分けたり、苦役作業も厭わずに文字どおり県民と苦難を共にし、牛島満総司令官率いる沖縄守備隊玉砕のとき行方不明となられている。在任期間わずか五ヵ月足らずであるが、島田氏をいまなお「沖縄の父」として慕う沖縄県民は多い。

阪神・淡路大震災時に、私は現地の災害対策本部長として、思いどおりに事が進まず、また、私の行動に対する洪水のようなマスコミの批判も受けたりして、眠れない夜も多かった。そんなときに、「島田元沖縄県知事に比べると、私のおかれている状況は恵まれているし、最後には島田さんのような責任のとり方をすればよい」と覚悟をすると、明日への勇気が湧いてきたものである。

# 第2章　自らの命は自ら守る

## （1）公的機関の能力の限界

大きな災害が発生したときには、公的機関の対応能力に限界があることはやむを得ない。消防についていえば、阪神・淡路大震災当時、消防力基準では同時多発火災に対応できる能力は、人口四五万人の西宮市で三件、人口一五〇万人の神戸市では一〇件であった。一月一七日午前六時の段階で、大規模な火災が西宮市は一一件、神戸市では六〇件確認されている。したがって、一一九番に電話をしても消防車が必ず来るとはいえない。救急車も同じような状況であった。

警察はどうか。神戸市を中心とする阪神・淡路地域管内の警察官は約五〇〇〇人。発生時の午前五時四六分の段階で、すぐ対応できるのは宿直していた警察官約一二〇〇人。救助活動に懸命の努力はしたが、約四六万世帯が被災しているわけであるから市民の目からみると、警察官はどこにいるかわからないという状況だったのである。

そういうときのために「自衛隊があるではないか」ということになるが、自衛隊も緊急事態の対応能力には当然限界がある。兵庫県を管轄しているのは中部方面隊であるが、中部方面隊は、中部圏から関西圏、中・四国圏を管轄しており、隊員は約二万人。その中で関西二府四県を担当している第三師団は約六〇〇〇人、うち兵庫県担当は第三六普通科連隊と第三特科連隊の約一二〇〇人であった。もちろん自衛隊であるから、全国から動員することができるが、それにはかなりの時間が必要なため、人命救助に重要な時間帯にただちに駆けつけるには限界がある。

## (2) 誰が人の命を助けたか

結果的に人命救助がどのように行われたかについて、河田惠昭京都大学名誉教授が様々なデータを分析して推計されている。それによると、家屋に閉じ込められた被災者総数約一六万四〇〇〇人のうち、自力で脱出した人が八割近い約一二万九〇〇〇人。救出してもらった人数が約三万五〇〇〇人、うち消防団を含めた消防、警察、自衛隊といった公的機関により救出された総数は約七九〇〇人で、これは全体の五パーセント未満である。それに比べ、家族や隣人、友人、ボランティアといった民間人によって救出された総数は約二万七一〇〇人と一六・五パーセントを占めている。こういう数字をみてもわかるように、大規模災害における公的機関の人命救助能力には限界がある。

河田名誉教授によると、この数値は阪神・淡路大震災だけに際立っているのではなく、日本の過去の大災害の場合、ほとんどが同じような傾向になっているとのことである。

そうであるならば、被災者の人命を救助するためには、公的機関の能力、あるいはその運用方法を改善、充実していくことは当然であるが、やはり市民一人ひとりの自助力をもっと高めていくことが極めて大切となる。

余談であるが、神戸市消防局が一九九九年に策定したものの公表していない「震災消防計画」がある。その計画には「初動時は全組織力をあげて消火活動に着手する」と書いてある。「全組織力」には救急が含まれているから、火災対応の最優先には、救急、救助といった任務を一時凍結させることを意味している。限られた消火能力しかもっていない専門集団としては、人命救助に対するいろいろな要望があっても、二次被害を大きくするかもしれない火災の対応に専念するということが震災消防計画で決定されているのである。こうした消防優先の震災消防計画は震災を教訓にした消防士たちの「誓い」なのである。

## (3) 自助努力 — 防災コミュニティ

いずれにしても、公的機関の能力に限界があるとすれば、自助力を向上させることが極めて大切になってくる。多くの人は自助力を高めるために、日々苦心され、様々な対策をとられていることだと思う。

自助力を高めていくためには、まず住民が防災について学習する必要がある。学習した上で、地域や住宅、部屋などの安全性を高めることが必要である。ところが、「自宅の耐震診断や耐震工事を行ってください」と呼びかけても、なかなか進まない。「あと何年生きるかわからないから、いまさらそんな大金をかけて改修することは難しい」という高齢者が多いことも事実である。

さらに、ハードだけでなく危機に備えたソフト、たとえば、人的ネットワークや情報システム、食品や救助物資の備蓄などを増強し、その上で避難や防災訓練をすることが必要になってくるわけであるが、これがなかなか難しい。

個人の力で難しければ、共助の仕組みをつくろうという考えで、いま「防災コミュニティづくり」が全国的に進められている。防災のみならず、環境、福祉、教育、防犯などの対策も含めてコミュニティの存在価値が再認識され、地方自治法でも、「地域自治区」を設置できることとされた。

また地縁的な組織だけではなくて、会社や事業組織を中心にした共助の仕組み、あるいは住民意識の高まりとともに広がっているＮＰＯやネットワーキングを活かした共助の仕組みを構築して、自助力を高めていくことも大切なことである。

しかし、気になることがある。二〇〇七年一月二〇日の朝日新聞紙上で、「各地で制定が相次ぐ防災対策条例は『自分の命は自分で守る』ことを強調。近年の防災行政は、ハザードマップや避難準備情報など自助を促す情報の充実にシフトしつつある。だが、受け手の意識はどうか。住民の意識は変わっていない。実際の災害でも避難勧告に応じない住民が行政を悩ませている」とあったが、各地域ではどうであろうか。

公助の充実とあわせて、大規模災害では自助が必要だという視点でいろいろな取組みを進めても、多くの住民がなかなかそこまでついてこない。これに対してどうするのかという問題である。

## (4) 防災教育

私が激震に見舞われてとっさに頭に浮かんだのは、小学校の教科書で学んだ台湾の少年のことであった。その少年は地震にあったとき家を飛び出し、倒壊してきた建物のレンガが頭に当たり死亡したのだった。後日、蘇った五〇年以上も前の私の記憶が正しかったかどうかを調べたところ、確かに間違いではなかった。子どもの頃、強く印象に残った記憶が、こんな長い時間を経て、あの極限状態でも瞬間的に蘇ることを体験して、改めて防災教育の重要性を感じた。

阪神・淡路大震災によって明らかにされたわが国の災害による危険性、これらに対処してきた先人の知恵、最近時における知見や進歩した技術など、ソフト、ハードにわたる実戦的災害対応能力を小さいときから身につける防災教育や住民が主体的に実践する防災学習を地道に推進することが、地味ではあるが災害対策における自助能力向上の基本であろう。この努力を積み重ねていくことによって、柔軟で強靱な防災文化が各地域で個性的に開花するに違いない。

# 第3章 防災士を育てよう

## (1) 防災士機構スタート

住民の自助能力を向上させるためには、防災に関する一定の専門知識と実践能力をもち、日頃から防災水準の維持向上あるいはその啓発に努めるリーダーを、一人でも多く養成していくことも極めて大切だと考えられる。

そんなリーダーが、各組織の中に一人いるといないとでは、災害対策に大きな差が出てくる。阪神・淡路大震災のときにも、旧軍隊で野戦などを経験され、緊急時の対応能力をもっておられた人が先頭に立って対策を立てられた地域と、そうでなかった地域を比べると格段に差があった。たとえば、避難所において断水したトイレの処理が大きな課題であったが、グランドに長い溝を掘ってテントを張った野戦方式のものは、一杯になればそこは土で埋めて、また溝を掘ればよいわけで、極めて有効であった。

職業的なプロではなくても、住民の中に一人でも多く防災のリーダーを育てることは、自助力を高めるための一番手っ取り早い方法なのである。そのような認識のもと、防災士の養成に取組んでいるのが、石原信雄元官房副長官などの提唱により設立された「NPO法人日本防災士機構」である。所定のプログラムによって災害対策についての研修を受け、単位を取得した者に資格を付与される「防災士」をできるだけ多く養成しようとするものである（図1）。

石原信雄氏らの要請を受けて、私は、兵庫県知事を辞任した二〇〇一年から防災士機構の創設に参加し、二〇〇二年四月には「NPO法人日本防災士機構」の初代会長に就任した。防災士機構の発会にあたり評議員会の議長には氏家齊一郎日本民間放送連盟会長（当時）に就任いただき、その第一回会合では奥田碩日本経済団体連合会会長（当時）から力強い激励の言葉をいただいたところである。その後、二〇〇六年五月からは、同機構顧問（現会長は古川貞二郎元内閣官房副長官）に就任し、防災士制度のさらなる充実に努めている。

二〇〇九年七月末現在、全国で三万二三四九人の防災士が誕生している。

## (2) 防災士の今後

いま、この防災士制度はNPO法人で取組んでいるが、NPO法人では運営上いささか限界があり、思うようにいかない部分がある。防災士の資格を取得しても、取得しただけで終わってはいけないので、その後の再教育や、防災士相互間のネットワーキングをどう構築していくのか、NPO

### 防　災　士

《定義》

自助、互助を原則として、社会の様々な場で、減災と社会の防災力向上のための活動が期待され、かつ、そのために十分な意識・知識・技能を有する者と認められた人

（日本防災士機構の定義）

《認証者数》

累計　32,349名（2009年7月末日現在）

### 資格取得の仕組み

手続き

①防災士研修講座受講

②防災士資格取得試験合格

＋

③救急救命実技講習修了証取得

→ ④防災士認証登録申請 → 防災士になる

カリキュラム

| | | |
|---|---|---|
| I | 防災科学（実学） | 計48時間（計31講座） |
| II | 救命技術（実習） | 計3時間（計2講座） |

研修機関（36カ所）

《自治体》兵庫県・鹿児島県・茨城県・静岡県・福岡県・世田谷区・福岡市・松山市・西条市・上越市・大分市　ほか

《民間機関》(株)防災士研修センター・富士常葉大学・徳島大学　ほか

**図1　防災士の定義と資格取得の仕組み**

法人であるため資金はすべて自前で調達しなければいけないなど、問題は多くなかなか大変である。しかし、こういうことを一つひとつ地道に解決して防災士制度を充実させることが、自助力向上にとってたいへん大切なことなのではないかと思っている。

# 第4章 公選首長の危機管理バックアップを

## (1) 自治体の危機管理能力向上のために

分権型危機管理体制が大規模災害に対する有効な選択手段であるためには、権限を付与されたそれぞれの責任者が危機管理能力を高めなければならない。

ニューヨーク行政研究所のデビット・マメン所長は、震災当時、ＦＥＭＡ（米国連邦緊急事態管理庁）がロサンゼルス地震のときにうまく機能した実績から、日本政府が同様の組織を設置することを検討していることに触れて、「ＦＥＭＡがうまく機能している陰には、地方自治体の力と手腕があるからであって、中央政府の力が強大な日本に適合するかは疑問がある」と語っておられた。

アメリカの場合、国民の自治意識が強く、州には州兵という独自の軍隊があることなどもあって、州や地方自治体が防災に対する高い能力をもっている。そういう条件が整っているから、ＦＥＭＡがバックアップする応急対策や復旧作業がうまく機能するのであるが、中央政府が強大な力をもっている日本では、必要な各地域の危機管理能力が育っていない現状のままＦＥＭＡのような組織をつくっても、各地域のそれへの依存体質が強くなって、地域ごとに強靱な防災力をつくるのに、かえってマイナスであることを指摘されたのである。

それではいまの日本はどうであろうか。知事や市町村長が十分な危機管理能力を備える努力をしているのか。もちろんそういう首長も数多くおられるが、全般的にみると疑問を感じざるを得ない。なぜなら公選の知事や市町村長は危機管理の専門家ではないし、危機管理についての知識や能力が十分であるかどうかわからない。いつ起こるか分からない災害に対して、万全の対策をとることは、財政面やマンパワーの面からも限界がある。

では、どうしたらよいのかといえば、災害が起きたとき、政策の決定権者はそれぞれの自治体の責任者なのであるから、そういう人たちが正しい判断を迅速に下せるようにバックアップする組織を、できれば東日本に一つ、西日本に一つはつくるべきではないかと思う。

## (2) 人と防災未来センター

その一つとして、阪神・淡路大震災後にできたのが「人と防災未来センター」である（図2）。これは神戸にある。私は「(財) ひょうご震災記念21世紀研究機構」の理事長を務めているが、この機構が「人と防災未来センター」を運営管理しており、そのセンター長には河田惠昭京都大学名誉教授にお願いをしている。

阪神・淡路大震災記念　人と防災未来センター

阪神・淡路大震災の貴重な経験や教訓を後世に継承し、国内外の災害による被害の軽減に貢献するとともに、いのちの尊さや共に生きることの素晴らしさを世界に発信していくことを目的として設置された機関

［6つの機能］

［10の研究分野］

①災害対策行政対応　　②応急避難対応
③救命・救急対応　　④二次災害対応
⑤資源動員対応　　⑥情報対応
⑦ボランティア対応　　⑧インフラ対応
⑨被災者支援対応　　⑩地域経済対応

**図2　人と防災未来センターの概要**

私は震災以来、こうしたバックアップ機能をもった機関を設立するよう政府にたびたび提案をしていたのだが、〝ハコモノ行政〟はいらないとの意見が強く、事務ベースではよい反応が得られなかった。私は、小渕内閣の野中広務官房長官に「これは単なるハコモノではなく、バックアップするシステムだから、絶対に政府がつくるべきだ」とひざ詰め談判をした。野中官房長官も納得していただき、国と兵庫県が半々の責任をもつという条件で設立されたのが「人と防災未来センター」(二〇〇二年四月開館)である。

このセンターは、阪神・淡路大震災の被災状況を一般の国民にみてもらえるような展示部門、災害対策について大学の研究とは違った実践的な研究をしようとする一〇の研究部門、災害対策の現地支援部門など六つの機能をもっている。

研究部門では、二〇〇八年度の実績を例にとれば、一二名の研究員により、「災害初動時における人的・社会的対応の最適化」、「広域災害に向けた組織間連携の高度化」および「地域社会の復旧・復興戦略の構築」の領域について三八の研究を行った。

現地支援部門はいざ災害が起きると、ただちに被災地へ出動して責任者にアドバイスをする機能をもっている。現に、河田恵昭センター長も含めてセンターの職員は、二〇〇四年末のスマトラ沖大地震・インド洋津波被害や、二〇〇八年五月の四川大地震の際にも出動し、一定の成果をあげたところである。その結果、いまでは外国からも高く評価されるようになっている。国際協力機構(JICA)と共同して、外国の防災関係者の特別研修も実施している。

災害対策専門職員の育成については、上中初級の専門職員研修を行うほか、首長を対象とした「トップフォーラム」も年に数回実施し、自治体向けの提言書（二〇〇八年度「災害対応の10の要諦」、二〇〇九年度「地方自治体の災害対応の要諦」）も発行している。

しかし、私はこれでもまだ十分ではないと思っている。今後、自然災害のみならずいろいろな人為災害が、国際社会では頻発することが想定されている。「人と防災未来センター」の機能をなおいっそう充実していかなくてはならない。

なお、フランスのミシュランが二〇〇九年に初めて発行した日本版ガイドブックで、人と防災未来センターは神戸市内では数少ない星付きの施設となっている。

# 第5章　自衛隊のあり方

## (1) 自衛隊の派遣要請

兵庫県では阪神・淡路大震災以前から毎年、各種の災害を想定して、陸・海・空の自衛隊も参加した防災総合訓練を実施してきた。大震災の前年の八月四日にも、自衛隊の普通科連隊、施設大隊、航空隊が参加して尼崎市で実施した。当然、県は災害時における自衛隊との連絡と連携体制について十分に習熟していた。

自衛隊は、駐屯地の近傍で災害が起これば、連隊長の判断でただちに出動できる。警察や消防と同じようなシステムである。大震災は、一九九五年一月一七日午前五時四六分に発災したが、被災地の伊丹市に駐屯している第三師団の第三六普通科連隊は、同六時三〇分に伊丹警察署と協議し、その約一時間三〇分後の同七時五八分には近傍の救助活動を開始している。

しかし、近傍ではない被災地への災害救援出動では、事情が異なる。自衛隊の防衛出動については、戦前に軍部の暴走を許してしまった反省に立って、シビリアン・コントロールなどによる所定の手続きを経るよう義務づけられている。同様に、従たる任務である災害救援出動には、知事の「派遣要請」が手続上の要件とされている。それは、書面に「災害の状況および派遣を要請する事由」「派遣を必要とする期間」「派遣を希望する区域および活動内容」などを明示する様式行為となっている（自衛隊法第八三条）。

したがって、「〝大変だすぐに来てくれ〟という曖昧な要請はありえない。〝どこがどれだけやられたから、何のため、何人来てくれ〟と要請の中身が問われる」[*2]ということになる。「派遣要請」をする知事に明示することを義務づけられている事項は、手続上の要件のためだけではなく、自衛隊の効果的な活動のためにも必要な内容である。

自衛隊は、管轄している広い地域の「どこで」「どんな災害が」起きているのか、「どんな救援が」必要とされているのか、早く「現地へ入るルートはどこか」、救援に「何人が必要か」「野営する場所はあるか」などなど、被災地で活動するために必要な情報について、関係府県などとも十分な意見交換をした上で作戦を立てる。このとき、不確かな情報による間違いがあってはならないので、綿密にその分析が行われるのである。

このように自衛隊は、関係府県と必要な情報交換をしながら、いざ出動となった時点で、手続上

---

＊2　下河辺淳（政府の阪神・淡路大震災復興委員会委員長）『阪神大震災復興委員会㊙日記』（月刊「文藝春秋」一九九五年一二月号）

の要件として知事の「派遣要請」を受けるのが通例である。

警察や消防と違って、救助・救援活動のために常時、待機しているわけではないので、自衛隊の本格出動には一定の時間が必要となる。そして、災害救援にあたって、自衛隊は災害現場に「最後に入り、最初に出て行く」(Last In, First Out)のが常識とされているようである。

神戸の西約五〇キロメートルにある姫路市に駐屯する第三師団第三特科連隊は、担当地区内に神戸などの被災地があるので、午前六時四五分頃に姫路署と協議して隊員招集、出動準備を始め、駐屯地自らは被災していないこともあって、同八時半頃には体制が順調に整ったようである。ただちに出動すべく県庁と交信しようとしたが、県の通信設備の破損などもあって交信が極めて困難で、ようやくつながった午前一〇時の交信によって兵庫県知事から「派遣要請」を受け、二一五名の部隊がただちに出動した。

関西二府四県を管轄する第三師団が、第三特科連隊以外の各連隊を出動させるためには、兵庫県の外にも甚大な被害を受けている地域が存在する可能性が十分あるから、その情報収集がまず必要となる。

日の出が午前七時過ぎの真冬の早朝に発生した阪神・淡路大震災の場合、関西の各府県庁などでは同九時頃まで職員が出勤しておらず、自衛隊の活動は難渋を極めたそうである。

自衛隊の出動命令が出された状況について、当時の松島悠佐中部方面総監は、『最高指揮官が明かす自衛隊出動の真実』*3という一文の中で次のように記しておられる。

「自衛隊に対して、『どうしてもっと大量の部隊を最初に投入しなかったのか』というご批判をいただいた。

実際は、姫路の部隊を隷下に置いていた『第三師団』では、兵庫県知事からの派遣要請を受けるかなり前から本格的に動いていた。まず行ったことは、被害の把握である。地震の震源地は、神戸か淡路島と伝えられていたが、被害が一体どこまで広がっているかはまったく不明。テレビやラジオも全体像を伝えていなかった。

こんな状況では、『第三特科連隊』以外の部隊を、闇雲に神戸だけに集中させるわけにはいかない。兵庫県外にも甚大な被害を受けている地域が存在する可能性が十分あったからだ。

『第三師団』では午前八時頃、まず京都を担当する隊区担当部隊である『第七普通科連隊』に、防衛マイクロ回線を使って『京都は大丈夫か』と連絡。幸いにも、京都は災害派遣が必要な状態ではないことが確認された。それから大阪はどうだろう。さらにほかの部隊が担当する県の被害はあるのかないのかを、県庁や県警などに照会し、最終的に災害派遣の必要なしと確認したのは十時頃だった。

兵庫県知事から派遣要請が出た直後の午前一〇時一〇分過ぎ、私が執務している中部方面総監室の『防衛マイクロ回線』の卓上電話が鳴った。『第三師団』の師団長からだった。

---

＊3　松島悠佐（中部方面総監）『最高指揮官が明かす自衛隊出動の真実』（月刊「文藝春秋」一九九五年一二月号）

師団長　兵庫県知事から正式な派遣要請がありました。こちらで被害状況を集計したところ、他の地域は、災害派遣を要するようなところはありません。兵庫県だけのようです。それも神戸と淡路島に被害集中しているようです。ゆえに、速やかに部隊を神戸と淡路島に集中して対処します。

私（中部方面総監）わかった。そのとおりにしてくれ。（中略）

これが私と師団長の最初の会話だった」

第三師団が、関西地域全体の被災状況をほぼ把握し、兵庫県へ本格出動する方針を固めたのは同一〇時一〇分過ぎであり、そのときにはすでに兵庫県知事の「派遣要請」は出ていたので、ただちに各連隊が出動したことがわかる。

自衛隊に出動命令が出ても、道路が破損し、家屋、電柱などの構築物が倒壊している被災地は、被災者や救援者などで大混雑しており、遠方の駐屯地から被災地の中心部に入って実際に救援活動を開始するまでには、早くても四～五時間を要した。

こんな状況であるから、自衛隊の救助活動がテレビになかなか登場しなかった。もっと早く出動できないのか、というといらだちの声の中で、「知事の派遣要請が午前一〇時」だったのはいかにも遅いのでないかということが、各種メディアで大きく取りあげられた。

「たいへんだ、すぐに来てくれ」というのはいわば情報提供に過ぎないが、そういう交信さえできなかった当時の状況にあって、残念ながら兵庫県に自衛隊の出動を少しでも早くするような力はなかった。

しかしこのことは、「首長の判断が遅かった」から自衛隊の活動開始が遅れたということではない。確かに第三特科連隊二一五名の出動だけは交信困難により一時間半ほどの遅れが出たが、第三師団全体としては、関西各府県の被災状況を確かめて、兵庫県へ各連隊を投入する方針を決定したときすでに、綱渡り的ではあったが知事の「派遣要請」がされていたので、ただちに本格出動したのである。

## (2) 震災発生時の朝

大震災が発生した一月一七日午前五時四六分、私は新神戸駅の東約二キロメートルの中島通公舎の二階で妻と一緒に熟睡していた。大きな揺れで突きあげられて目を覚まし、二人とも布団を覆って身を守った。揺れは数秒でおさまったが、その時期の日の出は七時過ぎであるから停電になった家の中は真っ暗だった。手探りで一階まで下りて、懐中電灯を見つけ家の状態を調べた。テレビ、家具、食器などは散乱していたが、家自体は無事のようであった。外に出ると暗くてよくわからないが、隣近所も異常がないようであった。後でわかったことだが、公舎周辺一帯はかなり広い範囲にわたって全半壊した家が一軒もなかった。

すぐ県庁へ登庁しようかと考えたが、県庁はこの時間には電話交換員もいない無人状態である。車がないので徒歩で登庁するとすれば四〇分はかかるし、その間、公舎に情報が集まってくることが予測された。当時は携帯電話もなく、交信がとれない状態で登庁するより、しばらく公舎で指揮する方がよいと判断した。早速、公舎には、姫路、三田、京都などから電話がかかってきた。「大きな地震だったが、そちらはどうか」という内容であった。私からも神戸の知人へ安否確認をしたが、皆無事だった。

兵庫県の防災計画では、神戸で震度六の地震が起きるのは兵庫県中央部の山崎断層、大阪の枚方断層、南海トラフの三つの震源を想定していたので、これらの電話の状況からすると近畿地方南部で大被害が出たのではないかと判断した。警察や神戸市の消防と交信しようと試みたが、電話がつながらない。そのうち、電話はどこにもつながらなくなってしまった。

午前六時半頃になって外に出ると、ようやく薄明るくなり、街の雰囲気が異常だとわかってきた。バス、自動車は走っていないし、遠くで火災らしい煙があがっている。県庁からはなかなか連絡がなかったが、午前七時頃にやっと芦尾長司副知事（当時）から電話があり、彼の住んでいる東灘区一帯は大きな被害が出ているということだった。ただちに「災害対策本部」を設置することにした。

運転手がいないため庁用車は動けない。柴田高博都市住宅部長（当時の建設省からの出向職員）が乗って迎えにきてくれた職員のマイカーに飛び乗った。途中の道路は倒れた家で不通のところが何ヵ所もあり、交通信号も点灯していない。普通なら往復で三〇分のところが一時間近くもかかり、私が県庁へ到着したのは同八時過ぎになった。

その時点における県庁の実態からして、早く登庁できても結果にはほとんど差がなかったにしろ、あらかじめこんな事態も想定した準備をし、もう少し早く登庁できなかったかといまも後悔している。ちなみに、笹山幸俊神戸市長（当時）も同じような状態にあって、歩いて登庁するかどうか迷っていたときに、近くに住む山下彰啓企画調整局長（当時）がマイカーで迎えにきてくれて六時半頃に登庁している。[*4]

災害対策室が破損して使えないので、破れた窓ガラスから吹き込む寒風をカーテンで防ぎながら、同八時二〇分頃、庁議室で「第一回災害対策本部会議」を開いた。そのときに参集できたのは、二一名の本部員のうち私を含めて五名だった。私と芦尾副知事、柴田都市住宅部長のほかは、梶田信一郎総務部長（当時の自治省からの出向職員）と豊泉進商工部長（当時）である。三人の部長のうち二人は県庁舎近くの公舎にいたが、豊泉部長は神戸の郊外にあるニュータウンの自宅から、中がどうなっているかわからないトンネルに突っ込んでマイカーを走らせて登庁していた。

そのときまでに警察・消防から入ってきていた情報は「相当の被害が出ているが、全容不明」というだけで詳細な報告は届いていなかった。

---

＊4　神谷秀之（時事通信社記者）『阪神・淡路大震災10年　現場からの警告──日本の危機管理は大丈夫か』（神戸新聞総合出版センター、二〇〇四年一二月）

## (3) 綱渡りの要請

それからしばらくは、私も含めて登庁できた少数の職員で手分けして、自衛隊を含む関係機関との連絡調整、余震による二次被害の防止、避難所の確保、緊急物資の手配など、目の回るような多くの緊急対策に必死になって取組むことになった。私自身はその全体の進行管理を行った。しかし、不運なことに県庁は被災地の真っただ中にあって、衛星通信システムも壊れて使えず、依然として〝情報空白、交信途絶〟の状態にあった。

災害対策担当の課員で早く登庁できたのは二人だけだったが、この二人は日頃から市町(消防)や警察との連絡調整、自衛隊の「派遣要請」の事務を担当していたから、私はこの二人にそのことに専念するよう命じた。それでも二人によって、たまに交信できた消防や警察の情報は、依然として「その全容不明」という断片的なものであった。

自衛隊と初めて交信できた午前八時一〇分の段階で「被害の全容は不明であるが、大災害である。支援を依頼することになる」と通報できたが、先に記したような「派遣要請」をするためには、少なくとも兵庫県内の被災状況の概要程度は伝えなければ話にならない。

どんな緊急対策を立てるにしろ、まず被災の全体像をある程度つかむことが前提となることは当然である。私は数少ない職員を指揮して被害の情報収集を最優先に取組んだ。交信ができない県警本部へ、幹部の一人を走らせたが、それでも警察が入手している情報の内容に進展はなかった。

これらの状況を伝えるべく、八時一〇分の交信後、県から何度も自衛隊との交信を試みたが通じなかった。結果的に自衛隊からようやくかかってきた一〇時頃の交信をもって、緊急避難的措置であるが知事の「派遣要請」とせざるを得なかった。その後、一〇時二〇分、第三特科連隊副連隊長がヘリコプターで県庁屋上へリポートに着陸する。私は、早速、県の災害対策本部会議へ常時出席してもらうことを要請した。

## (4) 知事の判断ミスが自衛隊出動遅れの原因ではなかった

京都大学防災研究所は各都道府県が進める地震対策を調査、分析して四七都道府県ランキングを作成、大震災前年に発表していた。それによると兵庫県は上位に位置していた。

それにしても、「神戸に大地震はない」という俗説に惑わされて震災対策に十分な備えをしていなかったことによって、初動体制が県民の期待を裏切るものであったことを深く反省している。

この年までに兵庫県庁で二五年近く仕事をしていた私は、県内各地の事情や県政業務に精通し、幹部職員の資質も熟知していたから、慣れない災害対策の各事業ごとに誰を臨時的に担当させるかも、すぐ判断できる立場にあった。当時の状況の中で最善の対応をすることは私の当然の責務であるし、私自身も必要なことはできたとの思いはある。しかしながら、このような非常事態にあってリーダーに期待される超人的な行動となると、残念ながら十分にできたとはとてもいい難いものがある。だから、初動期における私の対応を批判されることはやむを得ないと思っている。

ただ、自衛隊への「派遣要請」が遅く、それが私の判断ミスによる、というようなニュアンスの報道が多くなされたことには残念な思いがした。それでも、当時の異常な雰囲気の中で私がその実情を説明することは、責任逃れの言い訳のように受け取られてしまうことは明らかだった。

またそのことは肉親や家財を失い、避難所で寝起きするという極限状態の中で懸命に耐えておられる遺族や被災者の心情を考えると、責任者として絶対にとってはならない態度である。私は、これらのことは落ち着いてから正しく検証されるであろうと考え、質問してきた人にだけ事情を説明するに止めた。

さも物知りの評論家風に、また後知恵みたいな批判をする人や、政府の初動体制の批判への釈明に知事の「派遣要請」の遅れを利用する一部の関係者もおられた。したり顔で「被災地は革新勢力が強いので、知事が自衛隊の派遣を躊躇した」などという人までいた。とんでもない誤解である。兵庫県ではかねてから、自衛隊の各種記念式典には私を含む歴代知事や幹部が出席していたし、自衛隊員の募集事務のお手伝いもしていた。当時の野中広務自治大臣や、この道の第一人者である後藤田正晴元副総理から、事態を正しく認識した発言をしていただいたことは心強い限りであった。

しかし、私がメディアへ強い反論をしなかったので、そのことを黙認したように受けとられたことは想定外だった。

後日、これらのことに関する防災体制の充実策として、知事からの要請ができない場合には市町村長から通知ができるように改められたのも、そんなことが影響しているようである。あの当時、市町村長は自衛隊の派遣を要請したい場合にはその旨を県知事に連絡することになっていたが、私は誰からも連絡を受けていない。そんな状況であるから、市町長から自衛隊に通知できるようにしても効果には限度があろう。上川庄二郎神戸市消防局長（当時）は、「午前九時五〇分、消防広域応援と自衛隊への応援要請を市長に進言」して了承を得たと手記[*5]に書かれているが、兵庫県ではそれを確認できていない。

問題はこのような小手先のことではなく、災害対策についての政府の基本的な考え方として、自衛隊が受動的でなく積極的に地方自治体をバックアップする姿勢に立つ制度を検討すべきことである（「災害救援活動を自衛隊の本務に」（三八ページ）参照）。

なお、被災地域は過去に台風被害が多かったことから、木造家屋はカワラを土で固めた重い屋根の構造となっていて、地震ではこれらの家屋の多くで一階部分が座屈した。これらの事情から大震災当日の犠牲者の八五・九パーセントは、建物倒壊による被災直後の窒息圧死、頭頸部損傷、内臓損傷、外傷性ショックであったことが、検死結果で明らかにされている。翌日以降もクラッシュ症候群などで亡くなられた人が多数おられることも調査で明らかになっている。

もし、自衛隊への「派遣要請」がもう少し早かったら助かった人もいたのではないか、という指

---

＊5　上川庄二郎『真珠の小箱』（みるめ書房、一九九五年四月）

摘もあるが、現実は、自衛隊として兵庫県に集中して本格出動する方針を決める条件が整ったのが知事の「派遣要請」のあった後であるから、結果的にみてその可能性は薄いと考えざるを得ない。

阪神・淡路大震災による全半壊世帯は約四六万世帯という膨大な数である。消防や警察だけでは、被災者救援にとても間に合わない。国民の多くが、こんなときこそ自衛隊の出番だと思われることは当然のことであろう。そんな国民の期待に反して、大震災に対する自衛隊の大規模出動は遅かった。この点について、「知事からの派遣要請が午前一〇時までなかったため、出動が遅れたと言われたが、遅れた理由は別のところにあった」と報道された。*6

先に記したとおり、大震災当日の自衛隊の出動状況は第三師団の第三六普通科連隊が午前七時五八分に近傍出動、同第三特科連隊が一〇時に出動。そして兵庫県以外の関西各地に駐屯する第三師団の各連隊も一〇時一〇分から順次出動し、一七日中に配下の五連隊から三四〇〇人が被災地入りしたとされている。

第三師団の能力を超えた災害であるとして、中部方面全部隊に出動が命令されたのは、二日後の一九日午前七時過ぎであった。そして、同日中に出動できたのは、全体で約一万二〇〇〇人であった。さらに、防衛庁長官の命令によって全国の部隊が被災地に集結することとなった。出動人員がピークとなったのは、二月八日で、陸・海・空あわせて、一万九八〇〇人であった。

---

＊6　野田正彰「産経新聞」(一九九五年九月二三日)

こうした経過からみると、被災者の救命・救援にとって最も大切な発災後の三日間（「黄金の七二時間」といわれる）に、第三師団規模までは出動できているが、それを上回る中部方面隊規模、さらには全国規模の出動となると、十分それに間に合ったとはいえない。このことについて、当時の自衛隊幹部が「師団を超えた増員要請など訓練でもやったことがなく」「大部隊を投入することに不慣れだった」と発言された旨の報道もなされている。*7

震災初期段階で自衛隊の活動が国民の期待に反したとしても、その要因は知事が「派遣要請」をした当日午前一〇時が遅かったかどうか、というレベルの問題ではないことがわかる。

そうかといって、このことは誰かの判断ミスだなどといって犯人探しをするレベルのことでもない。基本的な問題は、災害対策における自衛隊の位置づけが、国民の期待するようなことになっていなかったことにある。

## （5）災害救援活動を自衛隊の本務に

当時、自衛隊にとって災害救援出動は本来の任務ではなく、要請を受けたら必要に応じて対応するという程度の仕組みであった。「大規模地震対策特別措置法」が適用される東海地域などを除き、

---

*7 「読売新聞」（一九九五年二月二七日）

自衛隊の災害派遣は局地的な震災程度を想定してつくられていたのである。そのため、災害救援に必要な機材装備も不十分だったし、災害救援についての専門人材の養成・訓練なども十分だったとはいえない。当時の自衛隊は全体として早期に対応を始めているが、こんな状態では、自衛隊自体が大震災に戸惑って、そのもてる力を十分発揮できなかったのもやむを得ないのではなかろうか。

その後、こうした反省もあって、一九九五年一一月に閣議決定された「新防衛大綱」において、今後の防衛力が果たすべき役割の三本柱の一つに、「わが国の防衛」「より安定した安全保障環境の整備への貢献」と並んで、「大規模災害など各種の事態への対応」が位置づけられ、また必要な法改正も行われた。一歩前進だといえる。しかし、果たしてこれで十分であるかどうか疑問なしとはいえない。

私はあの大震災時に十分な機材もなくほとんど素手で活動する頼もしい自衛隊員の姿に涙して感謝する被災者が多くいたことを知っている。その後、被災地から女性自衛官への応募が多くなったことも聞いた。一方、被災地に入った自衛隊員の中に、役立つかどうかわからない日頃の防衛訓練に比べ、災害救援活動は国民の期待に確実に応えていることを実感し、大きな充実感を味わったという隊員が多かったことも、自衛隊の記録に書かれているのを読んで意を強くした。

自衛隊が防衛力として果たすべき役割のうち、「大規模災害など各種の事態への対応」は、ほかの二つの柱に比べて、国民に期待されて活躍する頻度は格段に高いと考えられる。

これらのことを考えると、自衛隊の災害救援出動を、自衛隊法では依然として「事態やむを得ないと認める場合に」「必要に応じ」行う〝従たる任務〟としている現在の姿勢を改め、自衛隊法第三条において災害救援出動を本務として明確に位置づけ、災害時に被災者の救援や地方自治体のバックアップを主体的に担当する〝災害対策の実動部隊〟へと抜本的な制度改正を行うべきではないだろうか。現在の防衛省の組織図をみても、災害救援を担当するのはどの課なのかわからないほどマイナーな扱いとなっている。

この問題について国民的議論を興すことは、災害列島といわれる日本において、「集団的自衛権」の議論に勝るとも劣らない重要性をもっているといえる。私は自衛隊の災害救助任務について、わが国の防衛および二一世紀の新しい国際関係の中における国際貢献のあり方と並んで、真剣な議論を早急にすべきであると考えている。

## (6) ドクターヘリに自衛隊の参加を

いまわが国では地方の衰退が進み、限界集落の増加が懸念されている。そこでは医療サービス機能の消失が大きな課題である。また、国土政策として人口の地方分散を進めるべきであるが、その場合に地方で高度医療ができないことが一つの阻害要因となっている。

これらのことを考慮すると、わが国土の地形などからいっても、ドクターヘリの充実が極めて有意義だと考えられる。問題はその財源やマンパワーをどのように確保するかである。

この解決策は種々検討され、関係者のご努力によってかなり充実しつつあるが、その一つとして自衛隊の活用が図られれば、格段に進展すると考えられる。わが国で最大のヘリコプター保有主体は自衛隊である。運用能力も極めて高い。しかも自衛隊は都市部だけでなく、地方にもかなり展開している。この能力を、ドクターヘリとして活用することとすれば、全国的な安心ネット網が整備されることになる。

自衛隊にとっても、このような任務について人命救助を行うノウハウを蓄積することは、本来の業務として位置づけられている防衛や安全保障への貢献のためにも、極めて有効なことであろう。自衛隊の災害救援活動のあり方を考える上でも、真剣に検討されることを期待したい。

# 第6章　社会基盤の整備

## (1) 災害列島日本

日本が災害列島であることは欧米の気候・風土の違いをみると歴然としている。

日本とドイツの国土条件を比較した場合、面積はドイツが三五万七〇〇〇平方キロメートル、日本が三七万七八八七平方キロメートルで、ほとんど同じである。図3の地形で、黒いところが標高の高い山地であるが、ドイツは、南の方にアルプス山脈が少しあるものの、ほとんどが白い部分である。しかもまとまった土地になっている。それに比べて日本は、細長い国土の背骨となる部分がすべて黒くなっており、平地がたいへん少ない。

ドイツなどのヨーロッパ諸国は約二〇〇万年前に形成された洪積層という堅固な地質であるが、日本は沖積層という一万年以内に堆積した柔らかい地質である。さらに日本は、環太平洋火山・地震地帯に位置しており、多数の活火山が存在する世界有数の火山国である。アジアモンスーン地帯であるから、雨も一度にたくさん降る。日本の年間平均降水量は一七〇〇ミリメートルで、フラン

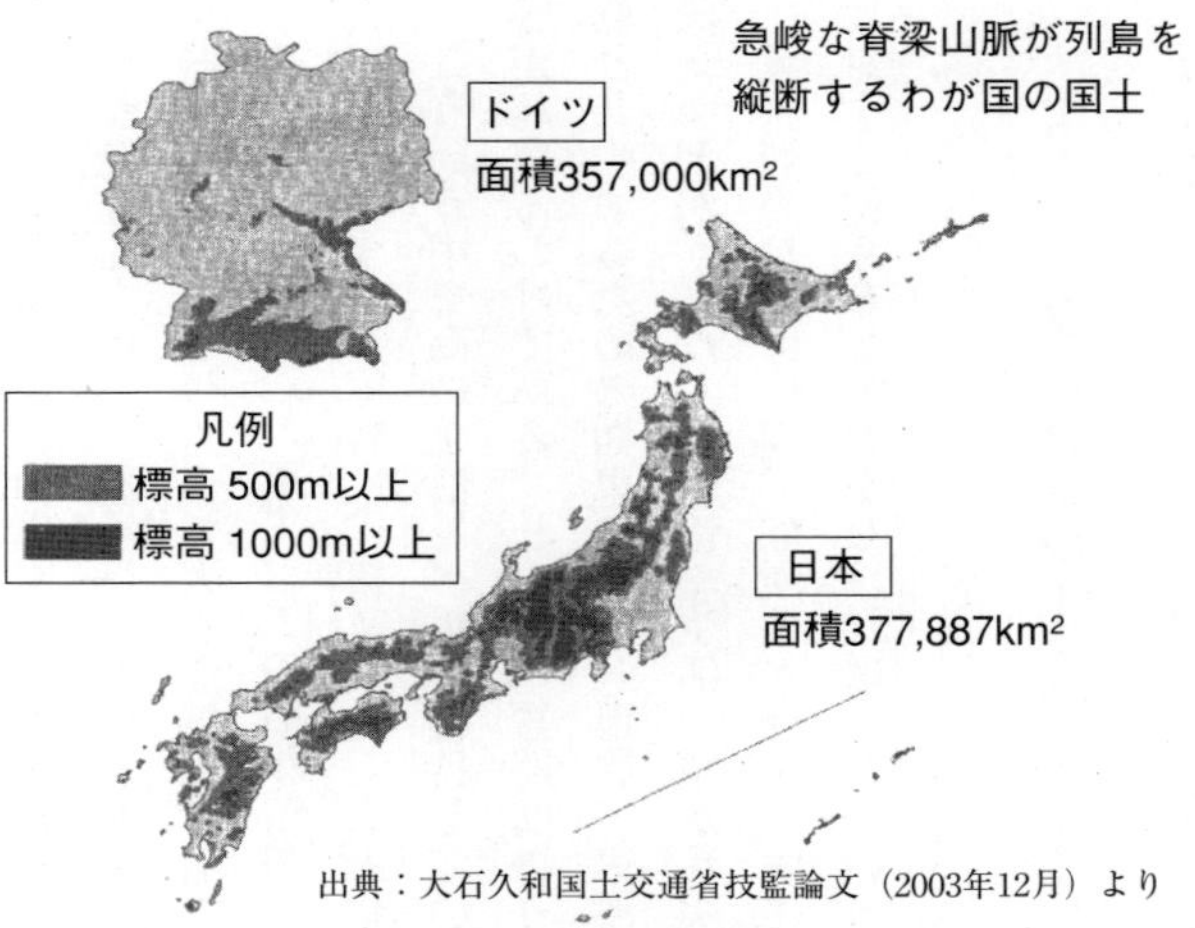


出典：大石久和国土交通省技監論文（2003年12月）より

**図3　日本とドイツの国土条件**

スなどに比べて二倍以上の降水量があり、梅雨期や台風シーズンに集中して降る特徴をもっている。

また、平地の少ない日本では、河川氾濫区域に主要都市が発達し、総人口の約五〇パーセントが住み、総資産の約七五パーセントが集中しているという統計もある。しかも、老朽木造住宅の密集地がかなりたくさんある。

ドイツでも地震は起こるが日本と比べて少ない。八世紀以降、一〇〇〇人以上の犠牲者を出した地震はゼロである。ドイツと比べても日本は極めて危険な状況の中で、一億二七〇〇万人がGDP約五五七兆円（二〇〇八年）という世界第二位の旺盛な経済活動を展開しているのである。

加えて、今後は危険性がますます増大する傾向にある。阪神・淡路大震災を起こした兵庫県南部地震以来、地震が活動期に入ったといわれているし、温暖化など地球環境の変化によって干ばつや集中豪雨などの異常気象も多発している。テロなどの人為災害という点からみても、科学技術が発達したので、原子爆弾をつくるような莫大な資金や高度な技術力がなくても、簡単に化学兵器や生物兵器をつくって大きな被害を引き起こすことができる時代になっている。

その上、日本周辺の東アジアの国際情勢は極めて不安定である。さらに、都市文明の進展により、人口が集中すると同時に、核家族化、高齢化し、国際化も進んでいる。

こういう中で高い生活レベルを維持しているので、災害などが起きると、従来と違った大きな被害が起きるわけである。しかも、短期間のうちに都市化したので、それぞれの地域に残っていた自然と共生するための知恵の伝承、地震、津波、山崩れなどに対処して注意しなければならない言い伝えなどが、私たちの記憶や生活の中から失われてしまっている。

災害列島日本に住み、危険性が今後ますます増大する傾向にあるから、当然のことながら、それに対する備えをしておかなければならない。

## (2) リダンダンシー、フェールセーフ

阪神・淡路大震災のとき、「リダンダンシー」や「フェールセーフ」という言葉をよく耳にした。「リダンダンシー」とは「ゆとり」とでもいえばよいと思うが、社会基盤を整備するとき、必要

最低限のものをつくるのではなく、いざというときのため、あらかじめ余裕をもってつくっておくことである。また、「フェールセーフ」とは、社会の安全を保つための一つの仕組みが機能しなくなったときに代替するものを整備しておくということである。

具体的には、神戸は六甲山と大阪湾の間の細長い東西の都市であるから、東西方向の道路は発達しているが、南北方向の道路があまり発達していない。阪神・淡路大震災のとき、東西方向の道路が局所的に破壊され、東西方向の交通ができなくなったが、もし南北方向の道路が整備されていれば、東西南北の道路に破断があってもジクザク状に結んで交通が確保できるわけである。神戸・阪神地域では残念ながらそんなことさえできていなかった。

社会基盤の整備にあたって、「リダンダンシー」とか「フェールセーフ」についての配慮が不足していたということを厳しく指摘されたが、まさにそのとおりだと反省させられた。

## （3）公共投資の現状

それでは、いまはどうなのであろうか。日本の公共事業関係の政府予算の推移をみると、阪神・淡路大震災前後は一〇兆円を超えていたが、二〇〇八年度予算では、七兆円を切っている。最盛期の一九九八年あたりからすると半分以下に減少しているわけである（図4）。

いま、公共事業は声高に批判されている。確かに、無駄な公共事業については適切に対応しなけ

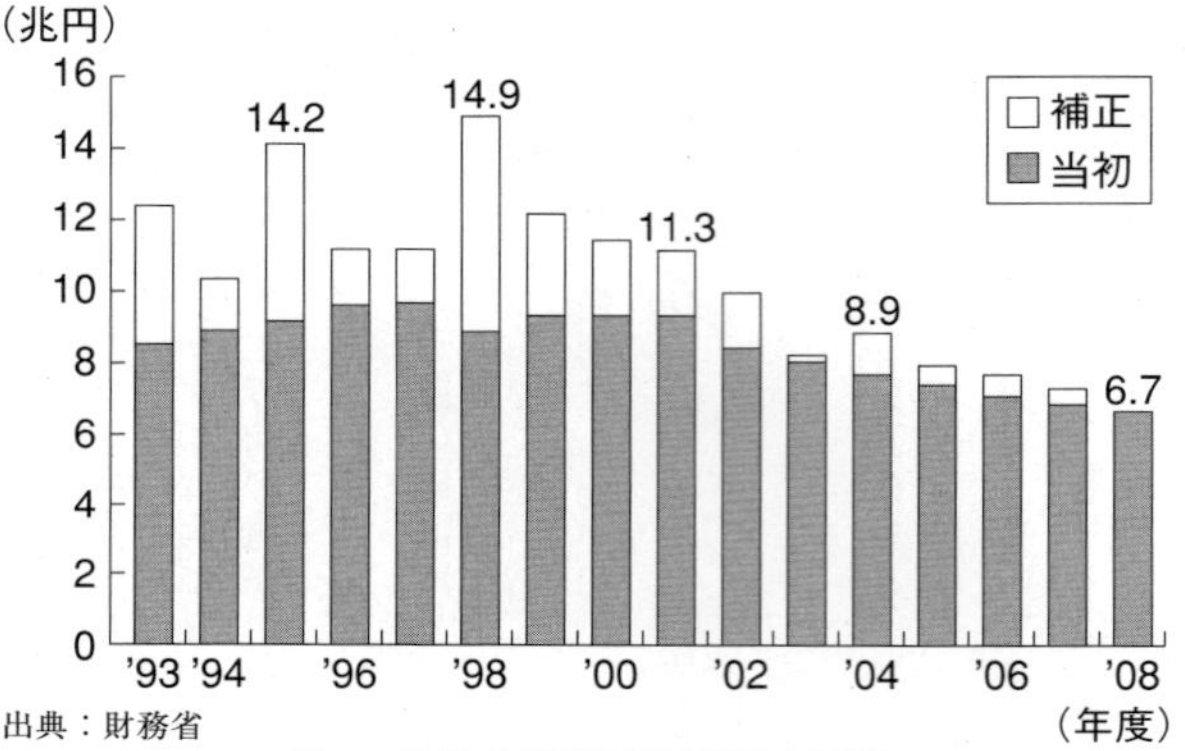

出典：財務省

**図4　公共事業関係費予算の推移**

ればならない。しかし、日本は災害列島といわれるほど自然の加害力が強いだけに、昔から為政者は、災害を防止して民の命と暮らしを守ることが最大の責務だという考え方で、社会資本の整備に努力をしてきた。

公共事業がすべて〝悪い〟ものであるかのように批判されているとすれば、本当にそれでよいのかどうかを十分考えなければならない。

# 第7章　国土政策

## (1)　都市の脆弱性

夢と希望をもって二一世紀を迎えた最初の年の二〇〇一年、世界を驚愕させたのが九月一一日のニューヨークの同時多発テロであった。

作家の大江健三郎氏がこのテロについて書かれた論評の冒頭に、「テロは、都市にすべてを集中させた二〇世紀文明に対する、砂漠の貧しい周辺からの攻撃だったと思う。都市に集中した文明のもろさ、バルネラビリティ（傷つきやすさ）が図らずも明らかになった」という一節があった[*8]。私は、これより六年前の阪神・淡路大震災の中で、まさにこのことを痛感していたので、この一文が私に強い印象を与えた。

二〇世紀に入った最初の年である一九〇一年における神戸市の人口は二五万九〇四〇人であった

＊8　「神戸新聞」（二〇〇二年一月二二日）

が、大震災のあった一九九五年一月には一五二万三六五人と、約六倍に増えていた。この都市で、阪神・淡路大震災が発生したわけであるから、当然、被害が大きくなるわけである。

## (2) 二一世紀国土ビジョン

こうした経験をした後に、政府で日本の国土構造を今後どのようにすべきかという議論がなされることとなった。いわゆる「二一世紀の国土ビジョン」についての検討である。従来は「全国総合開発計画」という名称の国土計画であったが、それに代えて、二一世紀においては開発というより文化や環境なども含めて全体として調和した国土の利用計画を決めようということで名称も変えられた。このビジョンづくりの中心的なメンバーは、阪神・淡路大震災の復興に携わった人たちであった。そういうメンバーの手でまとめられ、一九九八年三月に閣議決定されたのが、「二一世紀の国土のグランドデザイン」である。

基本的な考え方は、「国土構造形成の流れを望ましい方向に導くため、まず、東京を頂点に『中枢』とそれへの『依存』という関係をつくり出してきた都市間の階層構造を『自立』と『相互補完』に基づく、より水平的なネットワーク構造へと転換する。すなわち、『集中』と『巨大化』により集積効果をあげるのではなく、広い圏域において、それぞれに個性的な地域間の『連携』と『交流』により集積に代わる効果を発揮させる」というものである。

## (3) 日本の国土政策

ところが、その後の日本がとった国土政策はどうだったのであろうか。日本経済は、地価の高騰などを中心とするバブル経済崩壊後のデフレの最中で、日本発の世界恐慌が心配されるほどの状況であったことから、時の小渕内閣、あるいはそれに続く森内閣でも、こうした事態を何とか打開しなければならないとして、外資などを導入することによって地価を少しでも上げることが政策の基本となった。そのためには、東京を中心として都心部の再開発を進めなければいけないとして大幅な規制緩和策が次々と打ち出された。その結果、ものすごい東京集中が進んだのである。

確かにこの経済政策は、一面では成功したといえるのかもしれない。しかし、「二一世紀の国土のグランドデザイン」の方向とはまったく逆の国土政策が実行され、東京のみならず中部圏における名古屋、関西圏における大阪、あるいは九州圏における福岡など日本各地で都市への集中が進んだわけである。都市の安全面から考えると、危険性が非常に増大したことになる。

都市は「大きければよいことだ」「人口は増えれば増えるほどよいことだ」という成長過程の考え方で、今後も都市政策を進めてよいのかどうかについて十分考えなければならない。

そろそろ緊急避難的、状況追随型の国土政策ではなくて、国土政策の王道に返り、「二一世紀の国土のグランドデザイン」を実現していくべき時期にきているのではないだろうか。

# 第8章 災害対策物語余談

## (1) 災害情報システム

災害発生直後の緊急対応の初動期においては、災害情報が極めて重要な意味をもつ。誤った情報に基づいて救命・救助対策を行うと、全体として効率的な救援活動ができない。

淡路島の例をあげると、淡路島の一市一〇町(当時)で構成された広域消防の組合は一月一七日の午前五時四六分の発災から活動を始めた。一市一〇町から消防本部に「災害発生、救援頼む」という情報が続々と入り、それを受けて出動することになった。

ところが、被害の程度が大きいところほど発信力は弱く、救援要請は後になって出てくるのが常である。現に、淡路町のように被害の比較的軽かった地域から早い段階で救援要請が来て、広域消防としてはまずそちらへ出動したため、被害の一番ひどい北淡町から要請が来たときには、本部は出払っていてもう誰も残っていなかった。

したがって、全体の被害状況を把握して緊急対策を講じていかなければならない。そして災害情報は、この緊急救命・救助対策を行う場合に第一の前提条件になるのである。だが、阪神・淡路大震災のように被害の特に大きな状況では、簡単に全体の情報が集まらない。

実は、阪神・淡路大震災の当時、兵庫県はこうした事態に備えて通信衛星システムを整備していた。日本海側から瀬戸内の淡路島まで広大な県土をもち、しかもその間に山岳地帯もある兵庫県の場合、有線の災害情報システムだけでは災害で壊れる可能性があり、無線も山が障害となって通じないため、七〇億円あまりをかけて衛星通信システムをつくっていた。他府県にないような情報システムをつくったと思って自慢していたのだが、肝心なときに衛星通信システムに冷却水を供給する装置が地震で外れ、システム全体が動かなくなったのである。もちろん、こんな不測の事態は大災害の場合、当然想定しなければいけないことであっただろう。どれだけ先手先手と対策を講じていても想定外の事態が起こり、完全な災害情報を集めるのは非常に難しい。

ならばどうするか。「あそこの橋が壊れた」とか、「ここに人が埋まってしまった」とか、「火災が発生した」とか、そういう断片的な情報はいろいろ入ってくるから、それらをもとにして全体の被害想定をすることが、災害対策本部に求められる極めて大切な能力になってくる。

阪神・淡路大震災の当時は、断片的な情報すら入ってこなかったが、仮に断片的な情報が入ってきても、どのあたりが被害の中心で、それがどういった広がりで、どの程度の災害が起きているのかという全体像を把握するシステムはなかった。発災から二時間ほど経った午前八時過ぎに災害対策本部会議を開催した段階では、警察としても先述のとおり、相当の被害が出ているが全容不明という程度の情報しか入手していなかったのである。被災地の真ん中にある県庁では、停電でテレビもみることができず電話も通じなかったから、災害対策本部には全然情報が入らず、市や町との連絡や自衛隊との情報交換もほとんどできなかった。

だから、断片的な情報が入ってきたときに全体像をどう把握するかというシステムをつくることが必要であるが、そのためにはソフトを開発しなければならない。そういった観点から、専門家と協議して完成させたのが、「フェニックス災害情報システム」である。これは、あらかじめ地質や住宅など災害に関連する情報をインプットしておき、震度や、ある地点に火災が発生したといった断片的な情報を入力すれば、地域ごとの被害の程度や、死傷者・被災者の数がシミュレーションで出るようなシステムになっている。それで十分というわけではないだろうが、阪神・淡路大震災の当時のように全然情報がないという状況に比べたら、格段に進歩したのではないかと思う。

その後、国を含めていろいろな行政機関でこのようなシステムが整備されるようになった。しかしこれはこれで、かえって混乱を来す可能性がある。たとえば、気象庁や兵庫県、あるいは国土交通省が個別にシミュレーションをして異なる結果が出た場合、どのデータが正しいのかわからないという状況が生じる。いろいろな情報が出てきたら、逆にどの情報が正しいのかという判断をしなければいけない。行政の人間にそうした判断能力が訓練されていなければならない。

## (2) 知事公舎

私の先代の坂井時忠知事の時代までは、兵庫県の知事公舎は県庁のすぐそばにあった。ところが、公舎の裏が大きな道路に面していることもあって、居住条件が悪くなってしまった。それで私は知事就任後も、副知事時代に使っていた神戸市中央区中島通の公舎に引き続き居住していた。県庁から四キロメートルぐらい離れたところだが、六甲山麓のわりあい閑静な住宅地である。

知事が居住する住宅は、公舎として最低限の設備を備えておかなければいけないことは当然で、この公舎も行政電話や警察との緊急連絡の電話、それから管轄の葺合警察署がテレビモニターでずっと監視する装置、そういった設備はもっていた。私自身も、これで十分だと思っていた。

しかし、特に経済界などの有識者からは、「兵庫県の知事たる者が一般の住宅に毛の生えたようなところを知事公舎といって住んでいるのはおかしい」「ちゃんとした施設をもった知事公舎をつくるべきだ」という意見をよく聞いた。しかし、いかにも知事公舎らしい構えのものを新しくつくってそこに住むことに、私は否定的であった。たいへん立派すぎる公舎をつくって問題になった県もあったし、できるだけ県民の目線に近い生活をしている方がよいのではないか、と考えていたからである。

だが、災害が起きてみると、やはり私の考えは間違っていた。マスコミを中心に、私が「県庁に登庁する時間が遅かった」としばしば批判されたが、登庁が遅かったというのは必ずしもあたらない。当時は県庁に当直制度はなかったから、地震の発生した時間帯には一般職員はもちろん電話交換員もいなければ運転員もいなかった。そうした状況で、私一人が真っ暗闇の県庁にいてもどうしようもないのである。この点では自らが消防本部長である市町村長とは異なる。これに対して、公舎には最低限の連絡通信システムがあるし、私がそこに居住していることは県の幹部をはじめかなりの人が知っているから、あの時間帯であれば公舎の方がはるかに知事としての対応をしやすい。外部からも連絡しやすいのではないか。だから、四キロメートルも離れた県庁に徒歩で慌てて登庁するよりは、県庁の体制が整うまで公舎で対策を指示することが適当だという判断をしたわけである。このことから結果的に私は一時間あまり、公舎に待機することになったのである。

ところが、実際には県庁からはなかなか情報が来ない。県の幹部職員のうち、県庁周辺の公舎に住んでいるのは東京からの出向職員だけで、ほかは神戸市郊外で、通勤に小一時間かかるような地域に住んでいた。阪神・淡路大震災ではたまたまそうした地域の被害が軽く、中心部がこれほどの大災害にあっているとは想像できないから、職員は誰も私のところへ電話をかけてこない。災害ではそうした状況が起こり得るのである。

しかも、やむを得ず歩いて県庁に行くということになると、四キロメートルはやはり遠い。現在は、県と県警本部間の協定で、災害が発生すると警察のパトカーで知事や幹部職員を搬送する仕組みをつくっているが、当時はそうしたシステムもなかった。結局、私を迎えに来たのは県の職員のマイカーで、副知事から知事公舎に電話があった午前七時以後のことである。少々の地震でもびくともせず、災害が起きたときには関係職員がそこに集まってすぐ対策を講じることができるような機能をもった知事公舎を、県庁の近くに整備しておくべきだったのではないのかと反省した。

したがって、震災後、遅ればせながらそのような知事公舎を建てる計画を立てた。また、幹部職員、特に災害関係の幹部職員や運転員には、県庁のそばにあるいわゆる待機公舎への居住を義務づけた。これは震災を経験したいまだから可能になったことである。

当時は、職員にそれほど居住条件がよくない県庁周辺に住むことを義務づけるのは、いくら知事といえどもいかがなものかという感覚であった。管理者としては、職員の勤務条件を尊重することは当然のことだし、部下に対する温情といったこともある。私もそのような考え方であったが、災害が発生したときの危機管理の責任者としては、やらなければならないことはきっちりやるべきであり、その点ではやはり甘かったといわざるを得ない。

## (3) 納　棺

災害が発生した後、私は被災現場をみておきたいという気持ちがあり、夜に少しでも時間があると避難所や商店街を回った。酷寒の中、大勢の人が寝泊まりしておられた部屋のすぐ隣に、たくさんの遺体が毛布にくるまれた形で安置されている状態であった。すさまじい遺体の数である。本当にいたたまれないような気持ちだった。遺体の数に比べてお棺が足りない。冬場とはいえ、遺体を安置するにはドライアイスが要るのだが、それもなかなか手に入らない。

これほどたくさんの人が一度に亡くなることはないから、業者にストックがないのは当然である。だから、全国の業者に連絡してお棺やドライアイスをかき集めるしかない。業者にはたいへんな努力をしてもらった。それでも、必要な数の納棺ができるまでには一週間ぐらいかかっただろう。

斎場も足りなかった。さらに、地震で建物が倒壊し、地崩れも発生して交通条件が非常に悪くなって搬送に難航した。また斎場自体が傷んでいて、能力が足りない。周辺の府県まで遺体をヘリコプターで運んで斎場を借りることで対応することもあった。結局、これらの対応が終了したという報告を受けたのは二月も中旬になった頃だった。

厳寒の時期でなかったらどうだったであろうか。かつては野火にふした例もあると聞いていた。今後、このような問題にどう対応するのか。少なくとも全国的なネットワークをつくって、できるだけ効率的に対応できるようなシステムを整備しておく必要があるのではないかと思う。その当時はなかなか対応できなかった。

私は関係者に、せめて菊の花一本ずつでも献花するよう指示した。

## (4) 災害医療

大震災発生後間もない一九九五年二月に設置した「兵庫県災害医療システム検討委員会」は、まず基礎資料を得るため「災害医療実態調査」を行った。被災一〇市一〇町内の二二四病院と二九九診療所の計三二三施設を対象とし、調査時期は三月二日から一五日までの二週間であったが、回答率は六三パーセントで、震災の最中のアンケートとしては極めて高いものとなった。

調査の結果、施設、設備に何らかの被害を受けた病院は九八パーセントに達し、地震発生日に対応できた診療部門は救急外来が九六パーセント、人工透析四七パーセント、手術四三パーセントで、全診療部門が対応可能であった病院の割合は四四パーセントにとどまっていた。そして、診療機能低下の主な原因は、「水が供給されなかったため」（七四パーセント）か、「電話回線の不通、混乱」（六〇パーセント）、「ガスの供給不能」（五四パーセント）、「医療従事者の不足」（四四パーセント）、「施設、設備の損壊」（四二パーセント）、「電気の供給不能」（三三パーセント）、「医療品の不足」（二一パーセント）などであった。病院の機器のうち最も大きな被害を受けたのはＭＲＩであり（七〇パーセント）、人工透析装置、ＣＴ、血管連続撮影装置、単純Ｘ線装置も、それぞれ三七パーセント、三〇パーセント、二七パーセント、二二パーセントが被害を受けた。また、地震発生日の職種別出勤率は、医師五八パーセント、看護職員四四パーセント、薬剤師五二パーセント、診療放射線技師六六パーセント、その他のコメディカル・スタッフ七〇パーセント、事務職員ほか三一パーセントであった。

地震発生後一週間の患者数は、確実な回答のあった一〇七病院で計五万六五五人に上り、そのうち八一六七人が入院した。重症度別では、軽症四万七二八〇人、重症二六五八人、重篤七一七人で、そのうちDOA、つまり、到着時既に死亡していた者が五一八人と多数を占めた。兵庫県の「患者統計」などを参考にすると、地震発生当日の外来患者数は平時の四四パーセントと推計された。当然のことながら緊急を要しない一般外来患者の来院は少なく、ほとんどが震災関連の、新患であった。なお、DOAについては、平年の半数以上が地震発生後一週間以内に殺到した計算になった。

入院時の患者搬送の手段は、自家用車、病院の患者搬送車によるものが、それぞれ三八パーセント、三五パーセントを占め、消防本部などの救急車は二四パーセントにとどまり、ヘリコプター、船舶による搬送は、それぞれ二・二パーセント、一・三パーセントと極めて低率であった。なお、患者搬送にヘリコプターを利用できることを知らなかった病院も五一パーセントと半数を占めていた。また、地震発生後一週間以内にほかの医療機関に転送された入院患者が、延べ二三八病院で一八九六人に達した。その転送先は県内一二三一人（六五パーセント）、県外六五五人（三五パーセント）であった（以上『翔べフェニックス』第一九章「兵庫県災害医療センターの整備」（六〇六ページ以下）参照）

大震災初期において最も重要な被災者対策の一つが、災害医療であることはいうまでもない。そのために必要なこととして、現場で痛感したのは、第一に、救急医療の中核的施設であり、災害時には関連する医療資源を災害医療システムとして総合的に運営管理する機能をもつ災害医療センターを整備することである。第二に、医療体系は災害対策の基幹インフラとして、公私立を問わず、災害に強いものを整備すべきであり、そのために所要の公的資金を投入すべきだということである（「社会基盤の整備」（四二ページ）参照）。第三に、被災地外からの応援を効率的に災害医療システムに組み込むノウハウの構築である。

その後、兵庫県災害医療センターが設置されるなどこれらの施策についてかなり充実されたが、不断の努力が必要である。

なお、被災地外からの応援医療チームのうち長崎県から派遣されたチームが高い評価を受けられた。長崎県では近年各種災害が続いていて習熟されていたこともあるが、長崎県は島嶼部が多く、高度医療より巡回船による実戦的な救急医療の需要が多いということがあるということを専門家が語っておられた。私は、医療だけでなくその他の分野でも、多くの命にかかわる初期の災害対策として求められるのは、高度で専門的な知識、技術よりは、実践な知恵や経験であることを示唆する貴重な意見として、頷きながら拝聴した。

## (5) 避難所パトロール

避難者の数は、ピーク時には三〇万人以上に上った。学校の体育館や市民会館などが避難所となったが、非常に寒い時期であったし、もともと人が居住するような施設としてつくられているわけではない。プライバシーはもちろん確保できず、トイレも絶対的に不足する。そこにまったくみず知らずの人が集団で寝起きするのだから、当然いろいろな問題が生じた。

避難者同士のトラブルはもとより、不満の鬱積した避難者と避難所の管理者との間にもトラブルが発生した。とくに避難所が学校の場合、管理者となった学校長は行政のプロではないから、避難者から殴られるといったケースまで幾度かあった。

避難所の運営管理は、いろんな制約条件の中で、行政だけではとうてい無理である。運営がうまくいったところは、避難所で自然発生的に生まれた自治会とそれをサポートするボランティア組織が機能したところであった。そこには成熟した市民性が感じられた。

しかし、だからといって行政は手をこまねいているわけにはいかない。次に備える準備が必要である。それには、まず被災者の意向調査が必要であった。避難所とその運営に対する不満や要望を聞いたり、あるいは今後の政策への提案を調査したりしなければ、効果的な次の対策を立てることはできない。たとえば被災者の数や家屋の倒壊件数はわかっても、仮設住宅や災害公営住宅を何戸建てる必要があるかについては、被災者の意向を把握しなければならない。

そこで私は、避難所を巡回するパトロール隊を編成するよう指示した。あの緊急時に容易なことではなかったが、パトロール車を一〇〇台購入し、警察官三人と県の職員二人の五人を一組として一〇〇隊編成した。これは非常に効果的であった。一つは、パトロールによって避難者に安心感をもってもらったということ。もう一つは、パトロール隊がパトロールしながら避難者に声をかけることによって、避難所を出た後の行き先の希望などについての情報を集めることもできた。

「親戚のところへ行く」とか、「家を修繕して住む」とか、そんなことはできないから「仮設住宅に入った後、復興公営住宅に移りたい」といった具合である。これらを通じて完全ではないけれども避難者の意向の大体の傾向がわかってきた。その後の対策を立案する上で、これは非常に貴重な資料になったと思う。当時の対応で褒められたものはあまりなかったが、この避難所パトロールはその一つであった。

## (6) 知事の記者会見

災害時のマスコミは、様々な災害情報を被災者に知らせる点で、被災者にとってはたいへんありがたい存在だった。また、いろんな人々から寄せられる激励のメッセージや自らの体験談などの報道も、被災者を大いに勇気づけた。有益な情報を提供すると同時に、精神的なサポートをしてもらうという意味で、ジャーナリズムは災害時には極めて大切な役割をもっているのである。

災害対策本部長としても、災害対策の状況や今後の方針などに関する情報を被災者に提供するということはたいへん重要である。だから、災害対策本部とマスコミは共同して対応しなければいけないと思う。その一方で、マスコミ側には、行政とべったりというのではいけない、報道者としての責任から自分たちの考え方で報道したいという要求も強く、マスコミからは、災害対策本部がいうとおりには報道できないといった反応が返ってくることもある。災害対策基本法には、「緊急を要する場合に災害対策本部長は災害に関する情報の伝達を放送各社に要請することができる」という規定はあるのだが、[*9]災害報道にマスコミが慣れていないこともあってなかなか難しかった。

たとえば、私は地震発生の当日、放送局に対して「被災者に向かって私が直接状況を説明するから出演する時間をつくってほしい」と要請した。ところが、放送局の報道番組があるので、その中に出演してもらうのは結構だが、災害対策本部としての番組を流すことはできないという。結局、翌日午前五時ぐらいになってようやく、しかも兵庫県知事と神戸市長と兵庫県警本部長の三人がそろって、現状説明と我々が実施しようとしている対策についての情報提供をするという形で可能になった。このときの反省から、災害対策本部とマスコミとの関係はその後、少しは改善されたのではないかと思う。

---

＊9　災害対策基本法第五七条は次のように規定している。「前二条の規定による通知、要請、伝達又は警告が緊急を要するものである場合において、その通信のため特別の必要があるときは、都道府県知事又は市町村長は、他の法律に特別の定めがある場合を除くほか、政令で定めるところにより、電気通信事業法（昭和五九年法律第八六号）第二条第五号に規定する電気通信事業者がその事業の用に供する電気通信設備を優先的に利用し、若しくは有線電気通信法（昭和二八年法律第九六号）第三条第四項第三号に掲げる者が設置する有線電気通信設備若しくは無線設備を使用し、又は放送法（昭和二五年法律第一三二号）第二条第三号の二に規定する放送事業者（同条第三号の四に規定する受託放送事業者（以下「受託放送事業者」という。）を除く）に放送を行うこと（同条第三号の五に規定する委託放送事業者にあっては、受託放送事業者に委託して放送を行わせること）を求めることができる」。

ところで専門家によると、被災者の心理状態は被災してから復興に入るまで、四つの時期があるそうである。第一期は、被災直後の「英雄期」である。地震が起きると、特に若い人たちは英雄になったように精神的に昂揚し、火事場の馬鹿力で突っ走る。その次が「ハネムーン期」で、被災者に対して外から救援や支援の手がどんどん集まってくる時期である。人間同士が支えあって生きていくという連帯感のある、ハネムーンのように非常にハッピーな心理状態である。ところがその期間は長続きせず、やがて「幻滅期」が来る。本人も生活再建に努力するし周辺の人も支援の手を差し伸べるけれど、そう簡単に問題が解決しないとなると、先行きに不安を感じて心理的に非常に落ち込む時期が来る。これを乗り越えたときに初めて本格的な「復興期」が来るというのである。問題は、復興期に至るまでの取組み方である。私の経験からいって、責任者が積極的に生の言葉で被災者に語りかけることが極めて重要だと思う。震災後、私は忙しい時間を割いてできるだけテレビや新聞、雑誌も含めてマスコミ対応をしたつもりである。今後も阪神・淡路大震災のような事態が起きたときには、責任者自身が積極的にマスコミに応対すべきであろう。

## (7) 皇室のお見舞い[*10]

天皇皇后両陛下は、被災地お見舞いのため、一月三一日、行幸啓された。現地に迷惑をかけない配慮をしての日帰り日程である。晴れ渡った酷寒の午前一〇時、両陛下は自衛隊のヘリコプターで西宮の市民運動場へ到着された。出迎えた私は、お見舞いと激励のお言葉をいただいたとき、責任の重さに改めて全身に熱いものが走るのを感じた。

ただちに西宮市立中央体育館、それから小型バスで芦屋市立精道小学校、神戸市立本山第二小学校を訪ね、避難している大勢の被災者をお見舞いしていただいた。両陛下は、一人ずつ時間をかけて丁寧に声をおかけになり、バスの中から被災者が目に入ると、皇后陛下は手話で激励された。

その後、火災により全焼した神戸市長田区の菅原市場を訪ね、皇居で摘まれたすいせんの花束を供えて犠牲者の霊に手を合わせられた。被災者たちは、苦労して復興させた道路をいま、〝すいせん通り〟と呼んでいる。

引き続いて淡路島の北淡町へ移動し、町民センターで避難者を激励された。このときの状況について、当時の北淡町長小久保正雄氏は、手記の中で次のように記述している。

「本当に見事に絵でも見るように、お二人のお見舞いは、バラバラになりかかっていた人々の心を和らげ、再び一つにし、すさみかかっていた人々の気持ちを元の優しい気持ちに戻してしまわれたのであった。

『天皇陛下と美智子様が北淡町へ来られた！』

＊10　『〝すいせん通り〟の由来』（「諸君！」（二〇〇八年七月号）を転載（ただし、第一段落は前段落との関係から削除））

この事実だけで、人々は地震以来の苦労を忘れ、再び前向きに生きて行こう、と言う勇気を与えられたかに思えてならなかった」[*11]

この情景はどの避難所でも同じだった。

一九九六年以降二〇〇〇年までの大震災犠牲者追悼式には、毎年、皇太子同妃両殿下を始め皇族のご参列をいただいた。

また、一九九五年から二〇〇〇年まで年に一回は、私は上京の機会に両陛下のお招きを受け、復旧・復興の状況を説明させていただいた。予定は約一時間ということであったが、仮設住宅対策、被災者生活復興対策などについて熱心にご聴取いただき、毎回三〇分以上超過する状況であった。

二〇〇一年四月に再び行幸啓をいただき、四日間にわたり復興状況をつぶさにご視察いただくこととなった。私は、国際港神戸を中心とするこの地域が、国際的な地域間競争の中でこのまま衰退するのではないかという危機感をもって復興に邁進していたが、この時期に天皇陛下が被災地に入られることとは、被災地の復興がおおむね軌道に乗ったとの認識を示されたと思えた。被災時の知事であった私は、この行幸啓が終わった後、任期を一年残して知事を辞した。

翌年の正月、私は宮中歌会始の儀に招かれ、知事を退任した私がなぜ招かれたのかいぶかりなが

---

＊11　小久保正雄『私にも言わせてよ―阪神・淡路大震災震源地町長の悪戦苦闘記』（兵庫ジャーナル、二〇〇四年七月）

ら出席したのであるが、御製を聞いて身震いするほどの感動を覚えた。前年の行幸啓のとき、復興のシンボルとして完成した淡路夢舞台の緑地に植樹していただいた、そのときの感慨をお詠みくださったのである。

御製〔歌会始　お題「春」〕

園児らと　たいさんぼくを植ゑにけり

地震（なゐ）ゆりし島の　春ふかみつつ

皇室の皆様は、阪神・淡路大震災以降、被災地について九首の御歌をお詠みになっており、そのうち御製三首と皇后陛下御歌二首は、被災者の手によって縁の場所に歌碑が設置されている。家族や家財を一瞬にして失ってしまった被災者が精神的に立ち直るには、心の支えとなるものが必要であり、それは被災者が頼れる人間社会の〝善〟なるものの存在であると思う。それがもたらす人間的な温かさが、被災者の心を和ませ、癒してくれるのである。

いま地球規模で多くの課題が山積しているが、われわれは国民の総意として、平和を愛する人類社会の公正と信義に信頼して、人間尊重を希求する国際社会において名誉ある地位を占める意思を憲法に明記し、天皇はその日本国の象徴であることを規定している。このことは、天皇が人類社会の〝善〟となることを宣言したものであり、平成皇室はそのため真摯に御務めをされていると思う。

大震災以降、天皇陛下を中心に懸命に続けられた皇室の被災者に対するご激励は、激励以外の何ものでもない〝善〟であるが故に、すべての被災者がその大きな温かさに包まれて復興への営みが続いたように思う。大震災の極限状況において、われわれはそのことを実感したのである。

## (8) 生活復興支援会議

震災後、多くの関係者からいろいろアドバイスを受けたが、私の先輩の一人が漏らした「こういうときに賀川豊彦さんみたいな人がいたらなあ」という言葉がいまも心に残っている。被災者の心理が落ち込んでいくときに、それを励ますのは「信頼できる人」がいるということだと思う。「あの人がいたら」「あの人のいうことなら信用できる」。そういう安心感を被災者がもつことが、被災直後の混乱を起こさないことになるのではないか。

前述した被災者の心理状態の四つの区分でいうと、幻滅期に入ったのが震災発生から大体半年ぐらい経った頃だった。私自身が賀川豊彦になる、というような能力はない。そこで、行政側でもなく被災者側でもない、客観的に物事を判断して行政にも注文をつけるし、被災者に対しても被災者のエゴをたしなめるような、行政と被災者が一緒になって将来に向けて取組むための仲立ちをする組織として「被災者復興支援会議」をつくった。小西康生神戸大学経済経営研究所教授（当時）に座長をお願いし、草地賢一阪神大震災地元ＮＧＯ救援連絡会議代表（当時）や海文堂書店の島田誠社長（当時）のほか、学識者やマスコミの人にメンバーとなってもらった。

この被災者復興支援会議は、一九九五年七月に発足してから二〇〇五年三月に解散するまで、約一〇年続いた。これは被災者から高い評価を受けた施策の一つであった。こうした組織をつくったことは、今後災害が発生した被災地で参考にしていただけるのではないかと思う。

## (9) 生活復興局

被災者対策は、応急的な緊急対策から本格的な生活復興へ移行するプロセスの中で、ある意味では複雑化し困難さを増す課題が多くなってきた。そうなると、役所式の縦割り対策ではうまくいかなくなる。そこで、被災者生活復興支援のために必要なことを横断的に取組む組織として、生活復興局を設置することとした。責任者には、行動派の学者であった清原桂子氏を登用して、行政の枠にとらわれず、被災者からの視線に立って思う存分に活躍してもらうことを期待した。

このような注文は至極当然のように思われるが、現実は国会、中央省庁から末端まで縦割りの仕組みができあがっている厳然たる壁は厚く、まったく新しい分野を創造していかなければならないので、極めて困難なことである。

しかしながら、大災害だという異常時であっただけに、関係者もこのペダンチックな取組みを温かい眼で見守ってもらうことができたのと、何より関係者の期待以上の頑張りで、複雑化、個別化する被災者の支援に大きな成果をあげていただいた。具体的な三つの取組みについては、『翔べフエニックス』の中で苦労談が綴られている。

## (10) 県外被災者

あれだけ多くの住宅が全半壊すると、きちんとした住宅を復興するまでに臨時的な対応が必要となる。主力は仮設住宅をつくることであったが、もう一つは公営住宅の斡旋であった。当時も、特に地方では公営住宅にかなりの空室があったから、建設省（当時）と相談して全都道府県で提供できる空き家を調査し、被災者に情報を提供するとともに希望者にはそうした住宅を斡旋した。神戸のような都会には地方出身の被災者も多く、応募者は結構あった。また、混乱している被災地を避けてしばらく県外で生活しようという自主的な県外避難者も相当の数に上った。こうした人々は、将来的には本拠地へ戻りたいという気持ちをもっておられ、あるいは被災者としていろいろな行政サービスを受けたいという希望をもっておられた。

しかし、県外被災者に情報を届けることはなかなかたいへんである。行政が斡旋した県外居住者の場合は、居所を把握しているから連絡はつくのだが、親族や友人、知人を頼って自主的に県外へ非難された人の実態の把握は非常に難しい。結局、小森星児神戸商科大学教授（当時）などが中心になったボランティアの皆さんが、「県外被災者のネットワーク」をつくられたことから、そこからいろいろな情報を提供していただくなど、まさにおんぶされたような形で対応を続けた。

正直いって、これは本当に頭の痛い問題で、十分な対応ができたかどうか自信はない。現在はインターネットが普及しているから、少しは容易になったかもしれない。ただ、被災者には高齢者や低所得者が多いのが通常であるから、インターネットで情報を得られる人は限られてくるであろう。県外被災者に対するケアをどのように進めていけばよいのか、いまでも問題意識をもっている。

## (11) 外国人被災者

震災後緊急対策を実施している間、災害対策本部長である知事は現場を離れるわけにはいかない。情報収集、関係機関との協議、対策の立案決定、執行状況のチェック、マスコミへの対応など息つく暇もない毎日なのである。こういう状態なので、総理大臣をはじめ各省庁大臣、衆議院議長をはじめ関係国会議員、東京都知事をはじめ各府県知事、関係各省庁や自衛隊の幹部、各分野の学識者、ライフライン関係企業や報道機関の幹部、支援活動を展開されている労働団体や宗教団体の代表者など私の方から相談をしたい要人の皆さんが、交通機関が途絶している中、県庁までお越しになって、お見舞や激励はもちろん、各般のことについてご示唆、ご助言をいただいたことは、たいへん有り難いことであった。

そのような要人のお一人として、金大中アジア・太平洋平和財団理事長（この後、一九九八年二月、韓国大統領に就任された）を、兵庫県公館にお迎えした。多額の義援金を贈呈していただいたのであるが、あわせて、外国人に対しても日本人とわけへだてなく被災者対策を実施したことへの謝辞をいただいた。私は一瞬、とまどったのであるが、関東大震災時の痛ましい歴史の記憶から同様のことの再発を心配されていたことに気がついて愕然とした。

神戸を中心とする被災地には、在日韓国・朝鮮人のほか、華僑やインド人の大きなコミュニティがあり、総数では一〇万人を超す世界各国の人たちが居住しておられる。

私たちは、国籍が違っても同じ兵庫県民だという意識で、日頃から一緒に経済活動や市民生活をしていたので、金大中氏の発言に一瞬とまどいを感じたのであるが、そうはいっても外国の人からみれば、まだまだ日本人と同じにはいかない部分も多く、日本人にはわからない困難があるであろうことを改めて認識したのである。

外国人は、障害者や高齢者などと同様に〝災害弱者〟であることを前提に、その救援対策を進めなければならない。兵庫県では、外国人県民復興会議を設置して、その対策を進めることにしたが、ボランティアの皆さんが中心となった外国人被災者対策も積極的に進められた。

兵庫県に住んでおられるインド人には、関東大震災にあって、横浜などから移住した人の子孫もたくさんおられる。これらの方からも今回の震災対策を高く評価していただき、そのご推薦により、兵庫県民を代表してインドのアカデミー財団からプリヤダルシニ国際賞をいただくことになったのは、たいへん光栄なことであった。なお、後にインドネシアの首相に就任されたメガワティ女史も、私と同じ一四期の受賞であった。

## (12) PTSD——こころのケアセンター

震災後、外国からも専門家や行政関係者を含めていろいろな人が災害対策や復興状況の視察に来られた。その中で、FEMA(米国連邦緊急事態管理庁)のウィット長官とは二回ばかりお会いして意見交換をした。最初の訪問で長官が私に、「阪神・淡路大震災はひどい災害だけれども、経済力や技術力、それに人材を十分にもっている日本は、おそらくアメリカより、はるかにうまく復興するだろう。ただ、一つ問題があるとすればPTSD(Post-traumatic stress disorder)ではないか」といわれたことが記憶に残っている。実はその当時、私はPTSDとは何なのかわからず、ストレスで障害が引き起こされると聞いてもそんなものかと思っていたけれども、後になって長官はよいアドバイスをしてくれたと気付いた。特に成熟した社会で災害が発生した場合、PTSD対策は非常に大きな課題になるのである。

幸い、中井久夫神戸大学名誉教授(兵庫県こころのケアセンター長、二〇〇四~二〇〇七年)という素晴らしい精神科の先生がおられた。それに、私がたいへん親しくしていた河合隼雄元文化庁長官をはじめ、心理学の専門家にもはせ参じていただき、PTSD対策に着手した。これは、日本で先進的な取組みになったのではないかと思う。

**表2　兵庫県こころのケアセンター研究テーマ（2008年度）**

| 短期研究テーマ | 長期研究テーマ |
|---|---|
| 災害や大事故被災集団への早期介入法の普及に関する研究 | 自殺の実態に基づく予防対策の推進に関する研究<br>―自死遺族の健康状態の把握とその支援― |
| トラウマ被害者における援助要請行動に関する研究 | 大規模交通災害による負傷者の健康被害に関する前方視的研究 |
| ＤＶ被害者の相談、生活指導業務等に関する調査研究 | 高齢者虐待の予防と早期発見及び介入のための総合的実態調査 |
| 児童養護施設内暴力に関する研究 | 看護職員の業務に関わるストレスに関する研究 |

その後、二〇〇四年四月に開所した「兵庫県こころのケアセンター」は、被災者の相談や治療に応じると同時に、「こころのケア」に関する研究や人材育成を行う日本で唯一の施設である（表2）。インドネシアや中国をはじめ世界各地の地震や津波などの被災地から、職員が対応に困るほどの協力要請が来ている。

## (13) メディアスクランブル[*12]

地震発生直後の阪神・淡路大震災に対するマスコミの取材体制は、ものすごいものだった。もちろん取材記者は東京を中心とする外部からの応援部隊の記者が多かったが、新聞社、テレビ、週刊誌などで規模の大きいところは一社で一〇〇人は超していたと思われる。それは二ヵ月後に東京で「サリン事件」が発生するまで続いた。この間、連日の多岐にわたる震災報道で、各社は基本的に被災者を激励する報道姿勢を貫いていただいたことは、涙が出るほど有り難いことであった。

しかし、一方ではメディアスクランブルといわれるように過剰なほどの人材とエネルギーと資金を使った取材をしながら、大事なことでも一度烙印を押したら、いささかの再吟味をすることもなく、反復報道されることには大きな疑問を感じた。「遅れた知事の自衛隊派遣要請」というフレーズが慣用語のように使われ出したのはその一例であり、誠に残念であった。明治期のジャーナリスト・渋川玄耳氏の「今の新聞には人格がない。犬が吠えれば、新聞も吠える」という言葉のとおりで、こうした報道ぶりは、これから何とか改善されるべきだと考えられる。

アメリカでは大統領選挙が終わって新政権がスタートしてからの一〇〇日は、〝大統領のお手並み拝見〟ということで、議会やマスコミが対立することは少なく、俗に〝ハネムーン期間〟と呼ばれている。これに習って、大災害直後の一〇〇日間のマスコミは、いたずらに行政当局のアラ探しをするのではなく、被災者の精神的立ち直りを支援するため、行政とマスコミが成熟した関係にある〝フルムーン期間〟とするようにしたらどうだろうか。問題があったとしたら、一〇〇日間じっくり考察してから、批判の報道をするのである。このことは、ずっと私の胸にしまっておいたのだ

＊12 『烙印〝遅かった知事の自衛隊派遣要請〟―フルムーン期間の提案』（関西マスコミ倫理懇談会五〇年誌企画委員会　編『阪神大震災・グリコ森永VSジャーナリスト』（日本評論社、二〇〇九年）より一部抜粋）

が、今後のマスコミのあり方について少しでも参考にしていただければ望外の喜びである。

## (14) 義捐金

各地方自治体からは長期にわたって応援職員の派遣を受けたほか、見舞金もいただいた。言葉では表せないほどの有り難い友情であった。旧知の小寺弘之群馬県知事には一億円もの巨額の災害見舞金を持参していただき、その政治姿勢に改めて感銘を受けた。

一般国民からの義捐金は、総額で約一八〇〇億円という巨額に達した。赤ちゃんまで入れて日本人一人あたり一五〇〇円あまりを寄付していただいた計算になる。もちろん、これは日本史上初の大きな義捐金だった。各新聞社・テレビ局などを通じて数億円単位で何回も届けられたのである。

義捐金はまさに善意の集まりである。しかし、全壊世帯の人だけに配分するとか、身内を亡くされた人だけに配分するとか、あるいは広く被災者全般に配分するとか、つまり配分の方法には様々な考え方があって、すべての人の思いのとおりに配分することは誠に難しい。それでも早く配分しなければならない。

義捐金を預かった県は、義捐金の配分方法を県で一方的に決めるのはよくない、できるだけ大勢の人の意見を入れて配分すべきだと考えた。そこで、県や市町はもちろん、マスコミや実際の被災者の代表といった関係者による配分委員会をつくって、そこで基本的な方針を決めてもらうことにした。もとより被災の実態には地域差がかなりあるから、大枠は県で決めたが、各市や町に案分した後で最終的に被災者へ配分するという段階で、市町レベルの意見がかなり反映されるようにしたつもりである。

私はこの経験を通じて、こうした義捐金配分問題についてはいろいろな方式のオプションを研究して、あらかじめ用意しておく必要があるのではないかと思う。

ところで、自然災害の規模がそれほど大きくない場合は、一戸あたりの配分額が住宅を再建するぐらいの額に上るケースが多い。北海道奥尻島の地震や長崎の雲仙普賢岳の噴火災害に対する義捐金は、総額三〇〇億から四〇〇億円ほどであったが、被災者一戸当たりにすると一〇〇〇万円を超える金額であった。後に被災者生活再建支援制度をつくる際に、自然災害からの復興に公的資金を投入すべきかどうかが大議論になったのであるが、一定の規模以下の災害の場合は、このように国民の善意の義捐金だけでも十分賄えるのではないのかと考えられる。

問題は、大規模災害の場合である。阪神・淡路大震災では約一八〇〇億円という巨額の義捐金が寄せられたとはいえ、全半壊世帯だけでも四六万世帯になった。全部を全半壊世帯に充てたとしても、一戸あたり四〇万円ほどにしかならず、義捐金ではとうてい住宅復興を賄《まかな》うことはできない。

しかし、大規模災害がそうたびたび起こるわけではない。したがって、あらかじめ五〇年、あるいは一〇〇年という時間をかけて平常から義捐金を積み立てていく仕組みをつくったら、大災害の場合でも中小災害の場合と同じような対応ができるのではないかと考えられる。

現実的な対策としては、義捐金を積み立てておいて大規模災害のときにも対応できるようにするという考え方、つまり税金という「公助」の方式だけではなく、ともに助けるという「共助」の方式を国民的な合意としてつくっていくことが大切ではないのか。このようなことを私たちに考える端緒を与えてくれたのが、このように多額の醵出がなされた義捐金であったと思う。

## (15) 住宅地震災害共済制度

被災者生活再建支援制度については、私有財産制度のもとで公的資金を個人の住宅建設資金や再建資金にあてることは憲法上許されないという主張や、財政が悪化している状況で税金の投入には限界があるといった実態があり、なかなか議論が前に進まなかった。

兵庫県では前項で述べた経過をふまえ、あらかじめ長期にわたって義捐金を積み立てておくという考え方をもとにして、国会の地震対策議員連盟のご支援もいただきながら、住宅地震災害共済制度案をとりまとめた。方式は異なるが新しい住宅再建支援制度を提案していた全労災協会や日本生活協同組合連合会、日本労働組合総連合会、社会経済生産性本部それに兵庫県と神戸市で「自然災害に対する国民的保障制度を求める国民会議」を立ち上げて署名運動を全国展開したところ、史上最高の二五〇〇万人の署名が集まった。いかに国民的関心が高いかが示されたところである。

しかし当時、もう一つの国民的テーマであった介護保険制度の実施が目前に迫っており、誰もが受益者となる可能性の高い介護保険制度に比べると、住宅所有者に限られる本制度は、政治的な判断として先送りされることとならざるを得なかった。

それを補完する制度として、被災者生活再建支援制度が実現し、その後の改正で不十分ながら住宅再建について公的資金をあてることとなったことは、画期的なことである（和久克明『風穴をあけろ―「被災者生活再建法」成立の軌跡―』（兵庫ジャーナル社、二〇〇四年一月）参照）。

## (16) ボランティア

阪神・淡路大震災が起きた一九九五年は、日本の「ボランティア元年」だといわれる。それまで、ボランティアとはキリスト教思想に基づく考え方で、日本人の感覚には馴じめないのではないかと思われていた。ところが、案に相違して、阪神・淡路大震災では若い人を中心にたいへんな規模のボランティア活動が展開された。

私は震災前まで、自分の権利は主張するが、他人を思い遣らない人がだんだん多くなってきているのではないかと感じていた。だが、この光景をみて、経済的な豊かさは手に入れることができたが、精神的に何か満たされないものがあるということを多くの日本人が感じているのではないかと思った。あの被災状況で、家族同士、あるいは隣人も一緒になって必死になって助けあっていく姿をみて、自分たちもそういった助けあいによる感動の輪の中に入りたいという気持ちが若い人たちを突き動かし、その結果二〇〇万人ともいわれるボランティアとなって、各地で被災者支援活動が展開されたのではないだろうか。

一九八六年に兵庫県知事に就任して以来、私は一貫して「こころ豊かな兵庫」を目指すという県政スローガンを掲げ、わが国の社会原理が経済成長期の「権利主張型」から成熟期の「責任分担型」へと移行する時期にあって、これからは行政だけではなく一般県民も公的な役割を担っていく、いわば公民協働の社会を、県民運動によって構築していこうと提唱していた。それは、教育や福祉、あるいは環境といった問題に対して、県民一人ひとりが主体的に参加していくライフスタイルをつくっていこうという提案であり、現に県下各地ではいろいろな運動を展開してもらっていた。私にとってはこうした県民運動が阪神・淡路大震災でのボランティア活動に結びついたのではないかという思いがしないでもない。また、賀川豊彦氏が神戸の地から始めた協働の理念が、世界で最も規模の大きい消費生活協同組合活動として展開されていることにもみられるように、広くこの地域に根付いているといえるのかもしれない。

ただ、あれだけの規模のボランティア活動は、この地域だけのことというよりは、むしろ日本社会全体が本当の人間的な豊かさを求めていたことが大きいのであろう。

幸い、NPO活動については、その後NPO法（特定非営利活動促進法、一九九八年一二月施行）をはじめ諸制度が次第に整い、いろいろな分野でボランティア活動が定着するようになった。その意味では、阪神・淡路大震災がボランティア元年として一つの区切りの年であったといえよう。

ところで、ある災害対策の専門家は、「阪神・淡路大震災における最大のボランティア集団は公務員だったのではないか」といわれた。むろん、これは本来のボランティアとは異なる。けれども、県職員も市職員も本来地方公務員の仕事ではないようなことまで一生懸命こなした。超過勤務手当てなどはそれほど出ない（管理職はゼロ）のに、徹夜、徹夜の連続であった。法律で定められていない仕事に死にもの狂いで取組んだのであり、その点で、専門家の言葉は適切な表現だと思った。

そこで、県の職員やいろいろな知識・技術をもったプロフェッショナルな人が、いざという場合にボランティアとして活動できるような組織をあらかじめ作っておいたらよいのではないかという発想が生まれた。これが、「兵庫県災害救援専門ボランティア　ひょうごフェニックス救援隊（HEART–PHOENIX）」である。

たとえば医療、教育関係者や建築士といった職業集団ごとにボランティアとして活動する組織を立ち上げてもらい、HEART–PHOENIXとして登録しておくというものである。一九九七年一月に日本海でロシアのタンカーが座礁して油が流出したときには、早速この人たちが現地に飛んでプロ集団として効果的なボランティア活動を展開した。二〇〇四年一〇月の新潟県中越地震でも、こうした人たちが大いに活躍している。

## (17) 外国からの支援

阪神・淡路大震災では、外国からいろいろな支援の申し出があった。それ自体はたいへん有り難いことであるから、仲介した人たちはすぐにこれを受ける。ところが、被災地で実際にその支援が役立つかというと、必ずしもそうではないのである。

たとえば、ガレキに埋もれている人の捜索を支援するために、外国から救助犬部隊が来た。だが、その救助犬は味噌や醬油の匂いが満ちた日本独特の木造建築のガレキの中から人を捜し出すような訓練は受けていないので、実際の効果は少なかった。しかし、救援を受けた被災自治体は実績づくりをしてあげなければいけないという例もあったという。またある現場では、外国からの救助支援を断ったのだが、「せっかく外国から来ているのに断るとはけしからん」と外務省や大使館が怒り出し、間に入った兵庫県が立ち往生したこともあった。

外国からの救助支援活動は話題性豊かで、ニュース価値も高いためマスコミも飛びつくし、せっかくの支援を断ることには日本では批判が多いようだけれども、現地の事情を冷静に考えて派遣、受け入れをしなければならない。

支援物資に関しても、その後の国連人道問題局の検証によると、阪神・淡路大震災においては「海外から送られた支援物資のすべてとはいわないまでもほとんどは、日本で購入可能なものだった。最初の数日間は急に需要が増加したため、ビニールシートとミネラルウォーターが一時的に不足しており、海外からの支援物資で埋め合わせたものもあった」「被災者に貢献するのには現金を送るのが疑いもなく最も効果的な方法だった。また、それは重い物資を空輸する費用を考えれば明らかに最も理に適った方法でもあった。神戸で救援活動をする人々にとって、大量の支援物資を分類、貯蔵、配送する仕事は大変負担になった」と総括している。*13 つまり、海外からの支援はお金が一番よいということである。

それにしても外国から多くの支援をいただいた。クウェート政府からは六〇〇万米ドルの贈呈があり、アフリカの国からは大使がお見えになって、「貧乏なのでお金はもって来れなかったが、連帯の気持ちだけは受け取ってほしい」と優しいお見舞の言葉をいただいたりもした。私は翌年の三月、在日本大使約一四〇人をお招きして、東京で感謝の集いを開催した。

皆様に差しあげたのは、手塚治虫夫人、手塚治虫記念館（宝塚市）から贈られた復興のシンボルマーク火の鳥（フェニックス）をデザインした感謝状であった。

*13 国際連合人道問題局（西川智監修、川野美香抄録・翻訳）「阪神・淡路大震災—地震、現地救済活動、及び国際社会の対応」（一九九五年五月）。

## (18) ヘリコプター

神戸・阪神のような都市災害の場合も四川や新潟のような中山間および山岳地帯の災害でも、災害が発生すると通常の物流システム、特に道路や鉄道が壊れる。その場合に効果的なのがヘリコプターであることは間違いない。近い将来、東海地震、東南海地震、あるいは南海地震が発生すると、千葉県から沖縄にかけての太平洋沿岸が被災地になる。この地帯は道路や鉄軌道が十分整備されていないところが多く、孤立集落が出る可能性が高いといわれている。船舶という手段もあるが、海岸が津波の被害を受け、船が接岸できないという事態も想定されるから、やはりヘリコプターは救助、救援には欠かせない。だからヘリコプターを活用しなければならないのであるが、その場合、いくつかの課題を考える必要がある。

一つは、運行管制システムの問題である。災害時にはマスコミが取材にヘリコプターを使用するため、事故が起きないのが不思議なぐらい狭い範囲にヘリコプターが乱舞する。これをコントロールするシステムは、いまの日本では必ずしもルール化されていない。また、ヘリポートの整備が必要である。阪神・淡路大震災の当時は、まさかこのような災害があるとは予想されていなかったから、市街地の中や建物の屋上にヘリポートを建設することはそれほど一般的ではなかった。それに、仮にヘリポートがあった場合でも、ヘリコプターは県外から支援に来るわけだから、土地勘のないパイロットにとっては指示された行き先を識別することが難しく、混乱に拍車をかけた。

したがって、ヘリポートのナンバリングも含めてヘリコプターの運航を一元的に管理する管制システムができれば極めて有効であろう。また、パイロットが着陸しやすいように、何市のどこにヘリポートがあるかをきちんとわかるような表示をしておくといった工夫もあれば一層よい。

二つには、騒音問題の解決である。かすかな音を頼りにガレキの中に埋もれた被災者を探索しているときに、ヘリコプターの音は妨げとなってしまう。実際、救助隊からはたいへんなクレームが出ていた。外国では「サイレントタイム」を設定し、一定の時間帯はヘリコプターを飛ばさないというルールをつくっているところもあるという。その間、音を頼りに救助する作業を集中して行うのである。

もう一つの問題は、現行制度では自衛隊や自治体など公的機関のヘリコプターで民間物資を輸送することが難しいことである。阪神・淡路大震災の際に中内㓛ダイエーCEO（最高経営責任者・当時）から、「被災地にダイエーの商品を運ぶために自衛隊のヘリコプターを貸してもらえないか」という依頼があり、私が浅井輝久陸上自衛隊第三師団長に伝えたところ、師団長もすぐに対応していただいた。ところが、二、三日後に中内氏に聞くと、何回かダイエーの物資を運んでくれて終わりだったという。察するにおそらく、防衛庁の考えでは税金で賄っている自衛隊のヘリコプターで一民間の商品を運ぶのは限界があるとの理由であろう。

たしかに、コスト的に高くつくものであるから公的機関による民間物資の輸送は問題がある。しかし緊急事態には、優先順位を考慮して目的と一定の条件を満たした場合には公的ヘリコプターの民間用活用も、運航管理システムの一つとして検討する必要があるのではないかと思う。

## ⒆ ハザードマップ

阪神・淡路大震災以後、ハザードマップ（危険予測地図）の取扱い方は大きく変わった。行政当局は、地崩れの発生や河川の氾濫を想定してハザードマップをつくっているのだが、従来、これは一般には公表しないという原則であった。公表すれば、被害を受けることが想定されている地区住民の不安をあおり、地価が下がり、ひいては社会経済を混乱させる恐れがあるという理由からである。被害予測自体にあまり自信をもてなかったこともあるかもしれない。

ところが、阪神・淡路大震災で六甲山に土砂崩れが起こり、素人目にも危険な状況が生じた。もともと六甲山系は、地質上、日本でも有数の地崩れ危険地域である。谷崎潤一郎の『細雪』にも登場する「阪神大水害（一九三八年）」では、すさまじい土石流災害が発生している。

だから、六甲山系の治山治水は私たち行政側にとっては最大の課題の一つであり、阪神・淡路大震災の頃には、二〇〇ミリメートル程度の雨が降っても地崩れの心配はないというぐらい自信をもっていた。しかし、地震の振動で地盤が緩んだために、再び危険な状況になっていることが専門家の調査で判明したのである。

集中豪雨が降る梅雨どきまでには何とか応急対応を講じなければならない。しかし、わずか五ヵ月ぐらいしかないから、緊急措置はともかく抜本的な対策はとてもできない。そこで、ハザードマップを公表して、住民自身に覚悟してもらわなければならないのではないかということになった。建設省（当時）の砂防専門家などと侃々諤々の議論になったが、最終的には私が公表を決断した。人命を救うことが第一であって、それに伴う問題があっても私が責任をもつという結論である。

幸い、心配されたような問題は取り越し苦労に終わった。これには成長から安定へと時代が変わって、地価が急激に上がったり下がったりする時代ではなくなっているし、社会環境の変化もあったのだろう。それ以来、ハザードマップは基本的に公表するのが主流になってきている。

## (20) 外国被災地の支援

先述のとおり、阪神・淡路大震災時に世界各地から様々な支援をいただいた。そのためもあって兵庫県民は、世界各地で震災が発生するたびに義捐金を拠出するのにたいへん積極的である。台湾、トルコ、インド、イラン、中国などで発生した地震に対して、それぞれ数億円の義捐金が集まった。これらは県民の貴重な善意であるから、県でとりまとめて被災地に送り届けられている。

ただ、日本では義捐金を出すことだけでともすれば自己満足してしまうところがあることも否定できない。義捐金を出した以上は、それが被災者の役に立つというところまできっちり追跡調査して確認しなければならない。日本の制度と外国の制度とは違ったところも多く、義捐金がどこに行ったかわからないという事態もしばしば生じるという。お金を集めただけで満足してしまうのは、ちゃんとした支援ではないことをわれわれは十分自覚しておく必要がある。

そのため、たとえばトルコ大地震の際には、「土日基金」をパートナーとして震災遺児に対する奨学金制度を創設した。竹中肇雄駐トルコ日本大使（当時）は、外務省で国際協力局長を経験したその道のベテランであるが、この仕組みを高く評価していただいた。これは今日でもまだ続いている。ここまで自治体が義捐金の支出管理を行うケースは珍しいであろう。

また、台湾やイラン、インドの災害に際しては、先方からの要望もあって学校の建設を支援することになった。いずれも必ず被災地に赴いて開校式に出席するなど成果を確認している。今後もしっかりこうした方式を継続していかなければならないと思う。

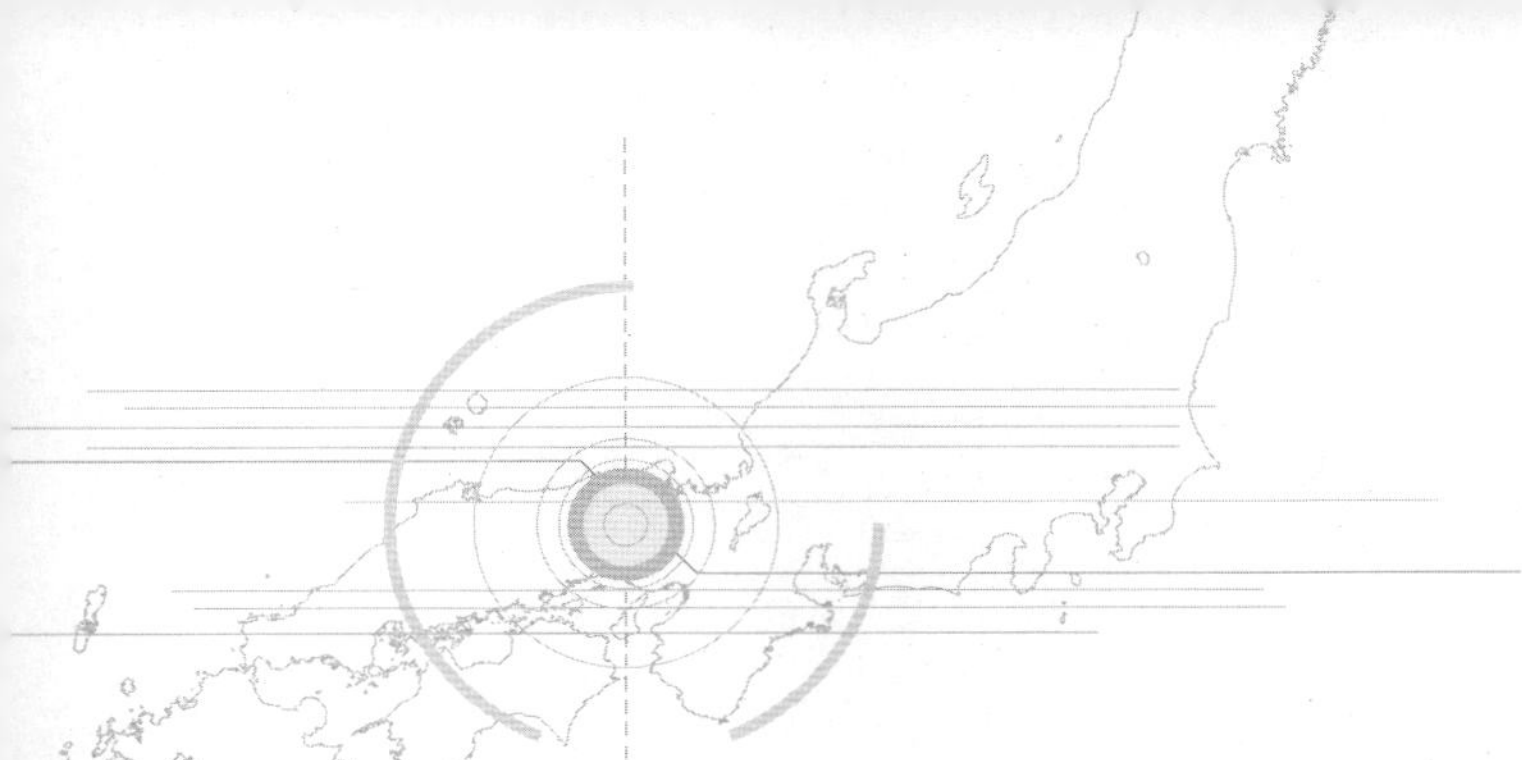

# Ⅱ 復興対策

# 第1章　大震災前夜

## (1) 世界の神戸港へ

黒船到来に太平の夢を破られ、一八五八年、徳川幕府は「日米修好通商条約」を締結した。これにより日本は五つの港を開港することとなり、その翌年、横浜、長崎、函館が国際貿易港となった。しかし、条約で開港すると約束した神戸は、尊皇攘夷の風潮もあって朝廷の了解が得られず、開港されたのは徳川幕府からの大政奉還がなされる一八六八年（明治元年）となった。

横浜から遅れること一〇年後の開港であったが、その翌年にはスエズ運河が開通し、ヨーロッパの文明はマルセイユに集結、そこからスエズ、インド、シンガポール、中国などを経由して神戸港に上陸することとなった。その後の日本は、朝鮮半島、アジア大陸との関係が深くなり、日清戦争（一八九四〜一八九五年）、日露戦争（一九〇四〜一九〇五年）、第一次世界大戦（一九一四〜一九一八年）などによってさらにそれは進行した。

それに伴って神戸港の重要性が高まるところとなり、二〇世紀の初頭には横浜を抜いて日本一の国際貿易港となった。欧米人や華僑など多くの外国人も居住し、造船、鉄鋼、重機械、貿易、金融などの近代産業が興って、神戸はアジア、ヨーロッパへの玄関口として発展した。

第二次世界大戦末期、阪神地域も大空襲により灰燼に帰するところとなったが、日本の高度経済成長期において、西日本一帯の臨海工業地帯を支える国際貿易港として復興した。

特にいち早くコンテナ化を進めたことにより、一九七五年頃はアメリカのニューヨーク・ニュージャージー港、ヨーロッパのロッテルダム港と並んで、神戸港は世界の三大コンテナ港となった。アジア地域における物流のハブ機能をもつ中心的地位を占めることとなったのである。

この頃、原口忠次郎神戸市長が考案された都市計画は、山を削って宅地をつくり、その土砂で埋立地をつくるユニークな発想で〝山、海へ行く〟として話題を呼びながら高い評価を受けた。

## (2) 神戸の衰退始まる

しかし、この頃をピークとして、NIES(新工業経済地域)諸国の経済発展が始まると神戸のハブ機能は少しずつ低下し始め、ASEAN(東南アジア諸国連合)諸国の台頭はさらにそれに拍車をかけることが予想された。アジア各地の港湾整備が急ピッチで進み始めたからである。

さらに、第二次世界大戦後、民間航空輸送が始まり、交通運輸は〝空の時代〟へと移ることとなってきた。この時期にあって、政府は、関西国際空港を神戸港沖に整備し、人、モノ、情報のターミナルとする計画を描いたが、航空機騒音に対する市民の反発は強く、神戸市はそれを拒否した。いまにして思えば、神戸はこのことにより発展を持続する機会を逃すことになったといえる。

ここに至って神戸市は、港湾都市オンリーの機能からの脱却を目指すこととした。その中で神戸市のもつハイカラな雰囲気に着目して、ファッション、コンベンション、イベントなどによる集客戦略のもとで都市機能を活性化していく都市経営を目指した。

こうした宮崎辰雄神戸市長の手法は、「ポートピア'81」という地方都市博覧会の大成功などによって〝神戸市商法〟として注目を浴びたところである。

しかし、バブル経済の崩壊とともに、〝失われた一〇年〟の時期に差しかかると、わが国の消費需要は低下し始め、労働力人口の減少期に入った段階でそれは一層顕著になってきた。非日常的空間体験による消費需要を見込んでの都市経営は、失速しかねない状態となったのである。

おまけに、市の財政悪化によって行政主導による都市の活性化が機能不全に陥った。バブル崩壊による地価の大幅下落が進み、それはそのまま神戸市商法を支えてきた土地造成事業によるキャピタルゲインの喪失をもたらしたのである。

神戸市だけでなく、東京湾および大阪湾沿岸各自治体も、わが国の高度経済の中心地としての旺盛な土地需要に対応するべく、海面埋立により都市を拡張してきた。この場合、埋立コストをはるかに上回る地価での土地分譲が可能であり、そのため膨大なキャピタルゲインを手に入れることができた。これが大都市の都市経営を支えてきたのであるが、バブル崩壊とともに多くの未利用地を抱え込むこととなったのである。

この事態を乗り切るため、東京都では世界都市博覧会、大阪市では南港でのオリンピック開催などの企画をしたがうまく実現しなかった。神戸市でもレジャーワールドなどの企画もあったが実現できないまま消えてしまった。

# 第2章　大地震発生

## （1）神戸はこのまま衰退するのか

一九九五年一月一七日、人命救助、二次被害対策、救援物資調達などの一連の緊急対策の目途がついた午後、県警のパトカーで激甚被災地の兵庫区、長田区を巡回した。翌日は、県の防災ヘリコプターで神戸、芦屋、西宮、淡路などを上空から視察した。鉄軌道、道路が寸断し、埋立地は液状化しているのが目に入る。何より民家の多くが倒れて道路をふさぎ、一階部分が潰れて座屈している。大きなビルも倒壊している。火事で燃えた跡が痛ましい。

私はまさに〝都市崩壊〟を実感した。その日の夜、眠れないまま知事室のソファで目を閉じたとき、震災前から衰退傾向に歯止めがかかっていなかったこの地域は〝立ち直れるだろうか。このまま衰退するのではないか〟という不安にかられた。

時代はまさに平成維新のときである。戦後、日本の発展を支えてきた官主導、護送船団方式のシステムが機能しなくなり、海図なき航海を進まなければならない。しかし、未だそれに必要なわが国の構造改革は何一つ進んでいない。その中で神戸を中心とする被災地は過去の成功体験が終期を迎えている。そこに、この大地震による壊滅的崩壊である。

どうしたらよいのか——。以来、眠れない夜が続いた。

## （2）手探りの復興

あまりにも多くの人が亡くなられて、安置する場所、葬場が足りない。避難所で不安な夜を過ごす三〇万人近い避難者への水、食料、毛布などの手配。倒れかけている建造物の危険度判定とその表示。電気、水道、ガス、電話などの復旧。マスコミ取材への対応。政府、国会、県会、市町、関係業界などとの折衝。視察とお見舞いに訪れる政府要人への応援。災害対策本部の開催……。一日二四時間、息つく間もない対応が続いた。耐え切れないような悲しさを抱いているに違いない被災者も含めて、私がお会いした人すべてから「私たちも頑張るから、あなたもしっかり頑張って下さい」と励ましと連帯の言葉をかけていただいた。こんなに嬉しいことはなかった。

しかし、夜になってソファに腰をおろすと、「これからどうすればいいのか」「急ぐ対策は何か」と次から次へと思いが巡りまどろみすらとれない。とりあえず、関東大震災の復旧・復興事例を復習することとした。早速、関係資料をとり寄せ、夜を徹して目を通した。それらを参考にしながら、復興のグランドデザインづくりの検討を始めた。

関東大震災（一九二三年九月一日）当時は、明治憲法下の中央集権体制であり、特に政府所在の東京を中心とした大震災であったので、当然のこととして政府主導で復興が進められた。東京は市制を敷いていたが、首都であった。復興を担当する国の機関として、同年九月二三日に「帝都復興院」が設置され、その総裁は後藤新平内務大臣が兼務されることとなった。

後藤総裁は、その前に東京市長を務めていて都市設計の専門家でもある。その後藤東京市長のもとで、東京は第一次世界大戦による戦勝国日本の首都としてロンドン、パリ、ベルリンなどヨーロッパの首都にも遜色のない理想的な帝都の建設計画を立てていた。

後藤総裁が立案した帝都復興計画は、この帝都建設計画を下敷きにしてつくられたもので、国家予算の約二年分にあたる三〇億円の資金を必要とする大規模なものであった。いわゆる〝後藤の大ブロシキ〟である。しかし、経済界からの大反対もあって、議会で承認された予算はその一〇分の一程度だった。その後、同年一二月の内閣総辞職により水野錬太郎総裁（内務大臣）に交代、翌年二月二五日には帝都復興院は廃止されて、内務省の外局としての復興局となった。それでも、現在の東京の一部の幹線道路整備などはこの計画によるものとして今日も評価されている。

# 第3章　復興のスキーム

## (1) 復興への始動

私は、関東大震災のほか国内では南海地震、酒田大火、海外ではメキシコ、トルコなどの先進事例、さらには戦災復興や沖縄復興を参考にしながら、今後の復興推進を担当する組織やスタッフ、復興の基本的枠組み並びに復興に要する予算とその調達などについて急ぎ構想を固めた。そして、一月一八日に設置した「災害復旧対策本部」に復興担当者を配置し、被災地の再生へ向けて戦略プランづくりに着手した。

私は、被災地再生を目指す阪神・淡路大震災復興計画では、

① わが国の第一人者の参加を得て、被災地のみならず、国民の理解を得られるものにすること
② まったくの無から計画をつくるのではなく、地域の課題解決のため県や市町がかねてから進めていた計画を土台にすること
③ 目標は、次元の高いものを目指すこと

**表3　都市再生戦略策定懇話会　委員（50音順）　○印は座長**

| 委員 | 所属 |
|---|---|
| 安藤忠雄 | 建築家 |
| 伊藤滋 | 慶應義塾大学教授 |
| 五百旗頭真 | 神戸大学教授 |
| 五十嵐定義 | 大阪大学名誉教授 |
| 茅陽一 | 東京大学教授 |
| 清原慶子 | 日本ルーテル神学大学教授 |
| 小松満貴子 | 武庫川女子大学教授 |
| 櫻井春輔 | 神戸大学教授 |
| 櫻井靖久 | 東京女子医科大学教授 |
| 佐和隆光 | 京都大学経済研究所長 |
| 下河辺淳 | 東京海上研究所理事長 |
| 月尾嘉男 | 東京大学教授 |
| 長富祐一郎 | QUICK総合研究所理事長 |
| ○ 新野幸次郎 | 神戸大学名誉教授 |
| 西山康雄 | 名古屋工業大学助教授 |
| 松田時彦 | 九州大学教授 |
| 村上處直 | 横浜国立大学教授 |
| 山田善一 | 京都大学名誉教授 |
| 吉川和広 | 京都大学名誉教授 |
| 米山俊直 | 放送大学教授 |

の三点を基本にすることとした。

しかも、故事にいうとおり鉄は熱いうちに打たねばならない。震災から一〇日も経たないうちに、わが国の一級の専門家に参加を願った「都市再生戦略策定懇話会」を設置する準備が整った。幸いお願いしたすべての人が熱い気持ちをもって要請に応じていただいた。

第一回の懇話会は、二月一一日、県公館で暖房がなく、ふるえながら開催した。そのメンバーは表3のとおりである。

この懇話会と並行して、被災者を中心として被災地の関係者

**表4　復興県民会議**

| |
|---|
| ひょうごフェニックスフォーラム |
| 産業復興会議 |
| ひょうご住宅復興県民会議 |
| 外国人県民復興会議 |
| 保健医療福祉復興県民会議 |
| 兵庫県生涯学習審議会 |
| 新しい家族と地域のネットワーキング会議 |
| 男女共生のまちづくり推進会議 |
| 食品産業振興連絡調整会議 |

が医療、福祉、住宅、産業、外国人などの各分野でそれぞれの復興を考える「復興県民会議」を設置し、復興計画への立案と提言をまとめることとした。それは、表4のとおりである。

これら懇話会と会議における議論の中で吐露された被災者の復興への固い決意、そしてそれを支える支援者たちの力強い熱意は、私にも復興への自信を確信させるものとなった。また、街にあふれる若者を中心とするボランティアの救援・救助活動は、私にとって日本の新しい時代の幕明けを予感させるものであった。

復興計画は、一九九六年度政府予算編成の概算要求がまとまる七月末までには決定しなければならない。しかし当面は、震災直後から始まっている復旧・復興の緊急計画をまとめ、所要予算を一九九四年度政府補正予算ならびに一九九五年度政府補正予算に計上しなければならない。復興計画の検討とあわせて、「住宅復興」「インフラ復興」「産業復興」の三部門で緊急三ヵ年計画を大至急まとめる作業を開始した。

こうして三月一五日には、県庁全組織をあげた「阪神・淡路大震災復興本部」を設置して、本格的に復興対策への取組みを始めることとなった。*14

## (2) 復興体制

一月下旬の深夜、知事室の電話のベルが鳴った。五十嵐広三官房長官からの電話であった。「いま与党内で大震災からの復興対策について議論をしているが、その中で復興院という政府機関をつくるという意見もあるが、あなたの意見を聞かせてほしい」というものであった。

私は即座にお断りし、こう提案した。「確かに東京にはその道の専門家も多く、政府が復興計画をつくると予算も十分つくことになると思います。しかし被災者は、被災地の外でつくられた計画でなく、被災の教訓をもとに自らの手で愛する故郷の復興計画をつくってこそ、苦難を乗り越えて復興に取組むと思います。どうか、地元中心の復興体制に政府が協力する仕組みにしてください」。

五十嵐官房長官は、「そうでしょうね。私もまったく同意見です。よくわかりました」と答えられた。この対談を受けて地元主導による復興体制がスタートした。また私は、阪神・淡路大震災からの復興は地方分権の試金石ともなると考え、被災者とともに全力を傾注していく決意を固めた。

*14 詳細は、計盛哲夫『翔べフェニックス—創造的復興への群像』第一章（(財) 阪神・淡路大震災記念協会、二〇〇五年）参照

表5　阪神・淡路復興委員会　○印は委員長

| | 氏　名 | 所　属 |
|---|---|---|
| 委　員 | ○下河辺　淳 | 東京海上研究所理事長 |
| | 伊藤　滋 | 慶應義塾大学教授 |
| | 川上哲郎 | 関西経済連合会会長 |
| | 堺屋太一 | 評論家 |
| | 一番ヶ瀬康子 | 日本女子大学教授 |
| | 貝原俊民 | 兵庫県知事 |
| | 笹山幸俊 | 神戸市長 |
| 特別顧問 | 後藤田正晴 | 元副総理 |
| | 平岩外四 | 日本経済団体連合会名誉会長 |

二月一五日、内閣に「阪神・淡路復興委員会」が設置された。復興対策全般にわたって専門的な角度から内閣総理大臣に意見を述べる機関である。委員は表5のとおりである。

当時、内閣は自民党、社会党、新党さきがけの三党による連立政権で、総理大臣は村山富市氏であった。下河辺、伊藤、後藤田の各氏はこの分野での第一人者であるから当然だとしても、私にはこの委員選任には自民党の意向が強く反映されているように感じられた。

この復興委員会のスタートから少し遅れて、二月二四日、「阪神・淡路大震災復興の基本方針および組織に関する法律」が施行された。

この法律により、地方公共団体が行う復興事業への国の支援、その他関係行政機関が講ずる復興のための施策に関する総合調整を行う機関として「阪神・淡路復興対策本部」が設置された。本部長は村山総理大臣、副本部長は五十嵐内閣官房長官と小里貞利地震対策担当大臣、全国務大臣が本部員である。この本部が「阪神・淡路復興委員会」の庶務を担当することとなった。

阪神・淡路復興委員会は、二月一六日の第一回から、一〇月三〇日の第一四回まで精力的に審議を行い、一一の提言と最終報告をまとめて、村山総理大臣に提出した。

復興委員会が被災地のニーズと政府各省庁の支援体制を調整するこのスキームは、村山総理大臣が復興委員会の提言を全面的に支援する姿勢をとられたので、復興事業を短期間に、かつ効果的に推進する上で、大きな役割を果たしたといえる。これには当時の経済財政政策が公共事業による積極的な内需拡大を行う姿勢であったこと、ならびに各省庁担当者の被災地支援にかけた熱い思いと決意がその背景にあったことはいうまでもない。

ただし、大きな制約もあった。それは第一回復興委員会で後藤田特別顧問が発言された〝焼け太りは認められない〟という言葉に端的に表れている。〝後藤田ドクトリン〟ともいわれたこの考え方の基本は、阪神・淡路地域は全国的な水準からすれば恵まれている地域であって、そうでない地域が数多くある。震災で大きな打撃を受けたのであるから、震災前の水準までの復旧については政府が全面的に支援するが、さらにそれ以上の復興には全国的な均衡上、特別の支援はできないというものである。

しかし私を含めて被災地は、わが国全体が構造改革を迫られている状況にあって、これだけ大きなエネルギーと膨大な資金を投入して再興するのであるから、わが国が明治維新、戦後改革に次ぐ第三の構造改革のときにあって、全国を先導するような復興をしたいという強い意思をもっていた。

堺屋・川上委員らはこの考え方を支持して力強い提言をされた。また、豊田章一郎日本経済団体連合会会長（当時）をはじめ、各方面からも強力な支援意見が出された。

しかし、政府各省庁にはいわゆる〝焼け太り〟について極めて強い拒否反応があって、委員会はその壁を乗り越えることができなかった。象徴的なケースは、神戸港に経済特区として「エンタープライズゾーン」を設置することを強力に要請したが、「わが国で〝一国二制度〟は認められない。もし認めるとすればそれはまず沖縄からだ」という意見である（「エンタープライズゾーン（経済特区）」（一七〇ページ）参照）。

結果として、量的な予算はともかく、新しい制度の創設など質的な復興への支援は極めて困難であったといえよう。ただ、それでもなお被災地は、粘り強く〝創造的復興〟を目指して努力してきたことはいうまでもない。

## (3) 復興法体系

わが国の災害対策にかかる基本法制は、一九四六年の昭和南海地震発生後に制定された「災害救助法」（一九四七年一〇月）、一九五九年九月の伊勢湾台風水害後に制定された「災害対策基本法」（一九六一年一一月）と「激甚災害特別財政救助法」（一九六二年九月）の三つである。

いずれも、わが国が新しく発展しようとする〝若い社会〟であった当時に制定されたものである。

したがって「公」が「民」に若干の支援をすれば、被災者である「民」は「自力」で復興するという考え方が基本となっている。問題は、社会が大きく変わり〝高齢社会〟に突入しているにもかかわらず、こうした基本的な考え方はほとんど修正されていないことにある。阪神・淡路大震災発生時のわが国は高齢化が進んだ〝成熟した社会〟になっていて、災害対策の法体系が基本的なところで実体とあわなくなってしまっていた。

具体的にいえば、第一に、現行法制では、公的支援は貸付金に限定され、被災者に対する現金給付は行わない、個人住宅の復興には公的資金は投入しないという私有財産制の原理が厳しく貫かれている。しかし、成熟した都市生活は、その居住環境や消費水準のレベルがかなり高く、それが破壊された場合の落差は大きい。また、これまで努力して築いてきた蓄積をもとに今後の生活設計をしている高齢者は、いまさら再びそれを構築する余力は乏しいのが現実である。これまで多額の税負担をして、国家を支えてきたのだから、このようなときこそ国は被災者の生活復興を支援すべきであるという声が高まった。この当時、判断ミスにより多額の不良資産が発生した住宅専門金融機関には、金融システム維持という至上命題のもと破格の公的資金が投入されていただけに、自然災害による被害に対してはなおさら救済すべきだという世論が高まったのは当然である。

そうかといって「公助」だけでは、現下の財政状況では限界があろう。したがって新しい発想による「共助」の仕組み、具体的には国民全体としては大きな経済力をもっているのであるから、無理のない共済制度などを構築すべき時期にあるといえよう（「義捐金」（七五ページ）参照）。

第二に、行政の公平性、平等性を保つために、社会主義経済に近いような手法で「公」が計画を立て、それに基づいて「公」が直接サービスを給付する仕組み、いわゆる現物給付方式となっていて、実態にあった柔軟性がない。

仮設住宅を例にとれば、無駄が出ないよう慎重に立案した需要予測に基づき計画戸数を決定し、行政が用地を選定して建設する。完成の都度、公募抽選などで入居者を決定するという仕組みである。このことについて、仮設住宅とはいえ一戸三〇〇万円程度の建設資金を必要とするのであるから、それに代えて、一〇〇万円程度でよいので現金の給付を受け、自分たちで便利な場所に建設したいという被災者の声も多かった。これが現金給付方式である。アメリカでの臨機応変な制度などの例も紹介して私も政府と交渉したが、実現しなかった。仮設とはいえ私有財産に対しては公的資金支給はできないというのである。同じように復興住宅についても、公営で建設、管理するだけではなく、被災者の主体性を中心とする仕組みが、かえって効率的であると考えられる。

今後のためにも、現状の成熟社会にあった柔軟な仕組みを至急に検討すべきである。

第三に、災害からの復興に関する基本法がない。

被災地は緊急対策などに懸命な取組みをしながら、並行して復興についてもとりかかるわけであるが、こと復興の仕組みに関しての法律がないのである。沖縄の本土復帰にあたって制定された「沖縄復興基本法」があるだけである。したがって自らその仕組みを考案しながら、その手順に基づいて政府各省庁はじめ関係方面への陳情をするしかなかった。

これから、自然災害が多発することが心配されているわが国では、復興を円滑に進めるため、「阪神・淡路大震災復興の基本方針および組織に関する法律」の成果を検証して、復興の理念や国、地方自治体、被災者の責任さらには復興事業の財源などを明確にした復興の仕組みを内容とする「災害復興基本法」の制定を急ぐべきである。

## (4) 財源対策

地方自治体の災害対策に必要な財源の確保には、いくつかの措置がある。まず、国庫補助・負担率のかさ上げがある。これは、激甚災害特別財政援助法を中心に、かなり充実したものになっている。また、これらの地方負担や一部の単独事業には災害対策債の発行が認められ、この償還財源の一部には、地方交付税措置がなされることになっている。さらに特別交付税によって、措置されるものもある。

しかし以上の措置は、いわゆる災害対策として一般的に認められている事業に対するものであって、被災地の個別事情による多くの単独事業に対しては、必ずしも十分なものとなっていない。したがって、被災の規模が大きく、そのために災害対策が広範囲に及ぶ場合には、地方自治体に対する特別措置が必要となる。

その代表的なものが、復興基金制度である。この制度は、まず被災自治体が銀行から所要資金を借り入れて復興基金を造成する。この借り入れにに対して、政府が銀行利息を地方交付税で補給する。被災自治体は基金の運用利息で、広範囲にわたる復興対策を実施するというものである。

形式的には、被災自治体が基金運用によって自由に事業展開をできることになるが、この基金による事業に対して地方交付税で財源措置をするのであるから、何を実施するかについて被災自治体は、地方交付税措置を担当する総務省（阪神・淡路大震災当時は自治省）と細部にわたって協議して了承をとらなければならないことになる。基金事業とはいえ、同省の財政当局の裁量によって決定されるのである。

この復興基金制度は長崎県の雲仙普賢岳噴火災害（一九九一年）のときに初めてつくられ、基金規模は、六三〇億円であった。私は、阪神・淡路大震災直後から、県の財政当局に三〇〇〇億円程度を想定して検討を指示した。野中広務自治大臣に相談すると、「知事さん、規模はもっと大きい方がよいのではありませんか」と逆に提案された。さすがに政治家の直感が鋭いことを、後になって感じることとなった。

「阪神・淡路大震災復興基金」は、一九九五年四月、当初、私が想定した倍の六〇〇〇億円の規模でスタートした。その後、「被災者生活自立支援金制度」の創設に伴い、その財源をこの復興基金で措置することとしたため、その規模を九〇〇〇億に増額することとなった。

以上が被災自治体に対する財政措置のあらましである。しかし、問題は財政措置があるなしにかかわらず、必要な災害対策は実施しなければならない。

阪神・淡路大震災は、通常ペースで前年末から一九九五年度の予算査定作業を進めていた終盤で発生した。その対応に呆然としていた県の財政当局に対し、私はまず必要な災害対策事業を想定し、そのことによる財源不足額の総額の三分の一は国の新たな財政措置、次の三分の一は起債、残りの三分の一は自己資金や節約などの自己努力で賄うという方針で作業を急ぎ進めるよう指示した。

この方針に確たる成算があったわけではないが、長期にわたって県財政を運用してきた私の勘に基づく大局的な判断であった。この三分の一方式はわかりやすいので、財政担当者も安心して予算編成作業に入り、県議会にも納得していただいた。それまで県は堅実な財政運営をしてきたので、震災によって多額の起債をしても健全財政の基準である公債費負担の比率もクリアできるし、社会基盤を中心とする災害復興事業は将来の県民の受益につながる。一時的に借金で財源措置をすることによって後年度の県民負担を伴うにしても、財政理論として無理のないものといえる。

阪神・淡路大震災後の県財政運営の基本は、大筋として以上のような方針のもとで厳しい中にも健全な姿で運用されてきた。

しかしながら、これだけ大規模な復興事業を復興計画で定めた一〇年の復興期間に集中して実施するのであるから、一段落したら財政の繕いをすることは当然である。私は緊急の戦略的復興事業が終了した一九九九年度の県予算の編成時に、今後の財政見通しがかなり厳しいことを実感した。

私は県の長期計画である「二〇〇一年計画」の終了時点で知事を辞任することを密かに決心していたので、私の手で行財政構造改革に筋道をつけてから後任者に県政を引き継ぐべきだと考え、同年度が始まると同時に、「行財政構造改革本部（本部長知事）」をスタートさせた。主たるターゲットは、少子化の進行による小・中・高の児童・生徒の減少に見あった教職員定数の合理化、および数々の復興事業によって社会資本整備を前倒しして進めているので、今後は公共事業整備をスローダウンすることであった。

県議会はもちろん有識者会議などの議論を経て、二〇〇〇年二月、行財政のスリム化を図る「行財政構造改革推進方策」を策定した。二〇〇八年度までの一〇年計画であるが、当然、社会経済情勢の変化にあわせてローリングすることとした。

ところが、私が辞任することとなった二〇〇一年頃から、地方財政を巡る情勢に、大きな変化が現れた。それまでは、〝失われた一〇年〟といわれる時期にあって政府は財政主導による内需拡大策を推進することとして、理屈のつくものは何でもやるという財政運営方針をとっていた。その事業実施主体の多くは地方自治体であるから、政府の財政措置による誘導もあって、全国の都道府県や市町村は積極的に事業を展開した。阪神・淡路大震災の復旧・復興事業が量的にはかなりのレベルで実施できたのも、このような政策がとられている時期であったことによる面が大きい。

しかし、小泉内閣（二〇〇一年四月〜二〇〇六年九月）の誕生によって政府与党の政策基調が大きく変更されたのである。いわゆる構造改革路線である。銀行の不良債権処理にも目途がつき、国・地方を通して多額の借金の増加を抑制するために、プライマリーバランスを確保する小さな政府を目指して、規制緩和と財政抑制策がとられたのである。もちろん、長期間の積極財政によって国・地方の借金が増大する一方、無駄な公共投資も目立ち始めていたため、この是正や改革は当然に必要なことである。

しかし、そのことだけではない変化があった。衆議院における小選挙区制の採用によって、社会的な弱者に政策の軸足を置く議員などは「守旧派」のレッテルを貼られて退潮が著しく、都市派議員が主流となった自由民主党と民主党という同じようなタイプの二大政党が大きな勢力となったことである。そして、マスコミも含めて、アメリカ流の競争社会を是とする世論が形成された。このことにつれて、地方行財政運営に対する改革論調が大きな声となり、いわゆる「三位一体改革」において地方交付税の大幅削減が行われた。

こうなると、兵庫県の財政運営としては、復興事業による財政負担の大きな重圧がある前提のうえに、このような政府の地方行財政運営の環境変化にいかに対処するかが問われることとなった。私は二〇〇一年七月末をもって予定どおり知事を辞任したが、二〇〇二年六月に、小泉内閣が掲げる〝聖域なき構造改革〟の基本方針となる「骨太の方針二〇〇二」が確定した。そしてこの方針にしたがって二〇〇四年度から「三位一体改革」が実行されることとなる。

兵庫県は、これらの事態に対処するために、二〇〇四年二月に「行財政構造改革推進方策後期五ヵ年の取組み」を策定した。しかし、その直後に決定された三位一体改革の内容は、国庫補助負担金の削減約四・七兆円、それに関連する地方への税源移譲約三兆円、さらに地方交付税の削減約五・一兆円であり、地方財政としては大幅な財源圧縮であった。それ以降の国の地方財政対策も、県の予測を超える厳しいものとなって、県財政に再度の構造改革を迫ることとなった。

以上が震災以後の兵庫県財政の概況であるが、これらのことからわかるように、財政面からみると全体として国にまったく依存したものとなっていて、地元主体の復興といっても財政的には国主導である。市町村においてはなおさらである。

もちろん、一〇〇年に一度のような大災害に対する復興財政の仕組みとしては、被災自治体のみの財政力で対応できないことは当然だとしても、原状回復という単なる復旧のみならず、復興についてもある程度は主体的に取組むことができる財政の仕組みが必要である。理想的にいえば、事業内容と規模に応じて、中央政府からの包括的財源付与のもとに、地方自治体が主体的に責任をもって復興と今後に備える災害対策を遂行できるようにすべきであると思われる。

現在、地方分権の中で始まっている道州制を議論する場合においては、このような点も含めて、大規模災害に対処する道州制における国と地方の役割分担、中でもその財源のスキームについて十分視野に入れて議論すべきであると思われる。

# 第4章　創造的復興へ

## (1) 阪神・淡路大震災の教訓

ルネサンス以降の西欧文明が世界的潮流となった二〇世紀は、交通運輸技術や情報通信技術を中心とした科学技術が著しく発達した。科学技術の発達によって生産力が増大し、経済が成長した。それによって人々の生活が豊かになり飢餓と貧困を克服することができた。貧困を克服すると養うことのできる人口が多くなり、人口が爆発的に増加した。そして、増加した人口が都市に集中するという歴史をたどったのである。二〇世紀文明を導入する日本の先導的な役割を果たしてきた神戸を中心とする被災地域は、このような発展モデルを絵に描いたような地域である。

しかしながらよく考えてみると、いまだ木の葉一枚、人間の技術ではつくることができない。宇宙にロケットを打ち上げ、先端医療の技術を誇っても、人間の技術レベルはその程度なのである。それに比べて大自然の力は偉大である。それなのに人間は知恵と技術を駆使すれば自然を抑制できると思い込んでいた。神戸では、山を削り、海を埋め立てて居住容量を大きくして、一五〇万人以上も住める人工的な過密都市をつくった。震災という大自然の力によって一瞬にして、その人工的な生存基盤を失ったとき、やはり人間はもう少し謙虚に自然への畏敬の念をもって生きていかなければならないと多くの人が実感した。

科学技術の進歩によって環境の悪化が進み、あるいは悲惨な戦争を起こしてもなお懲りないでいる悲しい状況がある。物質主義は確かに人に豊かさをもたらすものではあるが、それによって失われる影の部分をしっかりと認識しなければならない。私はこのことが今回の震災から学ばなければならない第一の教訓であると思う。

また西欧文明は、人の「自由」を大切にする考え方である。自由と豊かさを求めて集まった大都市では「隣は何をする人ぞ」という考え方になり、それぞれ自分たちが望むことを自由に選択し、行動するようになる。確かにこれこそが都市の魅力なのであり、まさに個中心主義の考え方の極限がそういうライフスタイルになっていくと思われる。

しかし、震災のとき、特に高齢者や子どもといった弱者に対する細やかな救援が困難であった。それは人間同士がともに助けあって生きていくコミュニティが都市では失われつつあったところに一因があった。幸い、人が助けあうコミュニティが残っていた神戸市長田区や淡路島北淡町（当時）では壊れた家屋の下敷きになったたくさんの人が助けられた。つまり隣人の寝所を地域の人が知っていたから救出が迅速に行われた結果である。

個中心思想を極限まで進めていった挙げ句には一体どうなるのであろうか。価値観が極端に多様化し、「人を殺してなぜ悪いのか」という者まで現れるほど人倫の荒廃が進んでしまった。二一世紀もこのままでいいのかという疑問を一人ひとりに大地震は突きつけたように思われてならない。これが第二の教訓である。

そういったことを考えると、自然への畏敬の念、あるいは人間連帯の重要性を、私たちはもう一度考え直す必要がある。

## (2) 日本文明の美質

有名なアメリカの政治学者であるサミュエル・ハンチントンが、二一世紀はどのような世界になるかについて予測した著書『文明の衝突』を出版され、世界的なベストセラーになった。そのハンチントンは、日本文明について「二〇世紀においては高度経済成長によって、繁栄の一時期をつくったが、二一世紀には、国際社会の中では大きな役割を果たさなくなるであろう」と述べておられる。その根拠として、「日本は経済大国として国際社会で大きな役割を果たしてきたが、今後はエネルギーや環境の問題に加えて、人口も減少期に入って難しい問題を抱えることになる。さらには、他の国も経済的発展を遂げてきたことから、日本は経済大国としての役割を果たせなくなるであろう。また、武力においても憲法九条で国際紛争を解決する手段としての武力を放棄することを規定しているので、武力の面で大国になることもない。したがって、日本は人類社会に大きな影響力をもつ文明圏として存在することにはならない」と予測されているのである。

私はこの見解に対して大いに異論がある。二一世紀においてもなお武力や経済力が人類社会の中で幅を利かすようであるならば、ハンチントンの説明のとおりになるかもしれない。しかし、二〇世紀と同じように武力や市場主義による経済力が支配するような二一世紀であるならば、おそらく人類社会全体は破滅に向かうに違いない。

そう考えると、私はハンチントンが予測されるようにアメリカを中心とする武力や経済力が幅を利かすのではなくて、日本のような国が国際社会のリーダーシップをとっていかなくてはいけないという思いを強くもっている。近代文明の限界を乗り越えていかなければ、人類社会の将来はないと思うからである。

日本文明の特質については、多くの先人が指摘されている。神戸ともたいへんゆかりの深い中国の指導者である孫文が、亡くなられる前年の一九二四年に神戸を訪れたとき、「大アジア主義」というテーマで演説をされた。当時の中国は清朝という国で西欧列強から植民地化されており、中国人自身の力で革命を興して民主国家を建設しようという熱意に満ちていた孫文は、演説の中でこう述べておられる。

「ヨーロッパの文明は武力による覇道だが、東洋の文明は仁義道徳に基づく王道である。大アジア主義は王道を基礎とし、世界諸民族の平等な関係を打ち立てることを目指す。日本民族は覇道の文明を習得し、かつ王道の文明の本質も備えている。では、世界の文明の前途に対して、西欧覇道の鷹犬（手先）となるのか、それとも東方王道の干城（守り手）となるのか、日本国民は慎重に考え、選択していただきたい」

会場につめかけた神戸市民はもちろん、日本国民に大きな感動を与えた。日本は覇道の文明ではなくて、王道の文明で世界平和に貢献すべきではないかという孫文の訴えに感動したわけである。ただ残念ながら、日本はその後の歴史の中で王道の文明への道へ進まなかったのである。

物理学者のアルベルト・アインシュタインも日本文明に大いに尊敬の念をもっておられた。一九二二年に来日されたとき、「私の接触した日本の建築、絵画やその他の芸術、そして自然の山水草木、それらがことごとく美しく細かい。日本家屋の構造も自然にかなひ、一種独特の価値がある。故に私はこの点については、日本国民がむしろ欧州に感染しないことを希望する」という文章を大阪朝日新聞に寄稿されている。[*15] アインシュタインは知られているとおりユダヤ人であるから、ナチス・ドイツの迫害を受けて亡命せざるを得ない立場にあり、ヨーロッパ文明に対してかなり批判的であったという。その後段でドイツの教育について「ドイツの教育は競争を煽る教育だ。誰が勝つかという競争を前提とした教育である。こんなことではドイツ国民が駄目になる」と厳しい批判をされている。続けてそれに比べると「日本人は非常に謙譲にしてかつ篤実な国民で、礼儀正しく、人と争うようなことは余り好まない。そのような日本文明が非常に素晴らしい」というメッセージ

*15 「大阪朝日新聞」（一九二二年一二月二八日）

を日本国民に贈っておられる。

イギリスの歴史学者アーノルド・トインビーは、大乗仏教にたいへん関心をもち、何回も来日されている。そのときのことをトインビー研究家の角山榮和歌山大学名誉教授は、「西欧文明の未来に悲観的であった彼は、非西欧文明の世界、特に西欧化の影響を受け、工業化・近代化が進んでいるが、まだ日常生活の中に宗教が生きている日本、その大乗仏教に関心をもった。大乗仏教については『歴史の研究』の中でしばしば言及してきたが、非排他性に注目した」と解説されている。

これらをあわせて考えてみると、日本文明は、ハンチントンの分類でもわかるように、明らかにほかの文明と違った何かをもっているのであり、それにアインシュタインやトインビーが注目をされているのだと思う。

私がこの話しをすると、多くの方から「日本文明のもつよさは、戦後間もなくまでは残っていたかもしれないが、いまはもう日本からすっかり無くなっているのではないか」と指摘されることが多い。しかし私は、阪神・淡路大震災のとき決してそうではないと確信した。震災時の被災者の行動をみたとき、日本文明の美質を感じたのである。それは私だけではない。イギリスのＢＢＣ放送は「街には混乱の形跡がなく、そこには立ち直っていく力とてつもない忍耐強さだけが存在した」、また、アメリカのラジオ放送局ボイス・オブ・アメリカは「よく目にしたのは、協力と寛大な親切心であり、略奪行為はほとんど見られなかった」と報道した。ともに、被災者の行動を高く評価しているのである。

震災当時、大阪に居住されていた作家の司馬遼太郎氏は、被災直後、神戸のタウン誌に、「家族をなくしたり、家をうしなったり、途方に暮れる状態でありながら、ひとびとは平常の表情をうしなわず、たがいにたすけあい、わずかな救援に救援者が恥じ入るほどに感謝する人も多かった。扇動する人も登場しなかった。たとえそんな人がいても成熟した市民を感じさせるここの人達は、乗らなかっただろう。えらいものだった。この精神は、市民個々が自分の暮らしを回復してゆくことにも、きっと役立つにちがいない」という賞賛の言葉を寄せられた。*16 これは何も神戸の人たちだけではないはずである。きっと日本のほかの地域も同じ行動をとるに違いない。日本社会には、いまも日本文明の美質が色濃く残っているのである。

そして、日本が国際社会において日本文明のもつ美質をアピールすることで人類社会の平和・安定に貢献する大いなる力をもっていると確信している。国連の通常予算分担金の上位五ヵ国（二〇〇八年）をみると、アメリカが二二パーセント、日本は一六・六パーセントだから、日米二ヵ国で国連予算の約四〇パーセントを賄っているわけである。ドイツは八・六パーセント、イギリスが六・六パーセント、フランスが六・三パーセント。中国やロシアは常任理事国であるが三パーセントにも達していない。世界全体のGDP構成比（二〇〇七年）をみても、アメリカが二五・四パーセント、日本が八・一パーセントを占めている。さらに、対外純資産残高（二〇〇六年）では、ア

＊16　「月刊神戸っ子二・三月号」（一九九五年）

メリカは三〇二兆九〇〇〇億円もの借金をしているが、日本は二一五兆一〇〇〇億円もの膨大な債権をもっているのである。

日本にはこれだけの実力があるから、その力を活かしてスイスや北欧諸国のように独自の取組みを進めていけば、国際社会を大きく動かすことができるはずである。これこそ日本が国際社会の中で活躍するためにとるべき道ではないだろうか。私は国際社会における日本の貢献策として、日本文明の美質に基づく平和・共生の理念をもっともっと世界に提唱していくべきだと考えている。

もちろん、ただ言葉でいうだけで国際的評価を受けるわけにはいかない。実際に平和を実現するための仕組みづくりや技術開発が必要である。これを私は「平和の技術」と呼んでいる。それは、社会不安を起こす要因をあらかじめ除去するための知恵であり、具体的には、福祉システムのあり方、健康医療や環境対策、防災や防犯といった分野で立派な制度や技術を開発することである。

いま、アメリカのサブプライムローン問題に端を発した金融不安の波が各国に及び、世界同時不況、さらには世界恐慌の危機に瀕している。その基本的要因は、アングロサクソン流の市場原理型資本主義のグローバリゼーションにあることは、多くの識者が指摘するとおりである。こんな状況の中、〝日本型の修正資本主義〟があらためて評価されようとしている。日本の企業経営は従業員の役割を重視して終身雇用制と適正な給与水準を維持することに配慮すると同時に、顧客、取引先、銀行はもちろん、地域社会との調和にも心がけ、株主には長期安定的に利益をもたらすというのが本来の方式である。市場原理主義型では、決算期ごとの短期的な視点での利益追求を目指し、その功績による株主への利益配分が経営目的となり、期待されていたような国際的経済社会全体の調和と発展が確保されないことが明白となってきたのである。

元経済企画庁長官の堺屋太一氏は、日本の外交政策が国連の安全保障理事会の常任理事国入りを最大のターゲットにしていることを批判し、むしろ、いま国連で十分に機能していないもう一つの機関である経済社会理事会で、日本は国際社会の安定のため大きな貢献をすべきであると主張されている。憲法で国際紛争を解決する手段としての武力を否定するわが国が、国連軍という武力の行使についての意志決定を主な任務とする安全保障理事会の常任理事国に入ることが矛盾していることは事実であり、「その実現のためには憲法九条を改正すべきだ」とアメリカ側から要求されていることは本末転倒も甚だしい。わが国が、市場原理至上主義の行き過ぎを是正し、全体として調和する経済構造の確立のため、経済社会理事会で主導的な役割を果たすことができれば、二一世紀の人類社会への大きな貢献となるであろう。

先進国といわれる国はそれぞれ人類社会に大きな貢献をしてきた。フランスは自由・平等・博愛という「人権思想」によって大きな影響を与えた。イギリスは一〇〇年ぐらいかけて健全な形での「議会制民主主義」をつくりあげ、民主主義を普及させた。アメリカは「自由主義経済」によって大いなる豊かさをもたらした。

このような西欧先進国に対して、日本は多くの識者が高く評価しているようにヨーロッパと違う思考と文化・文明をもっている。要約すれば、それは、「平和・共生」の精神であろう。自然に対して畏敬の念をもって、自然の中で生かされているという考え方や弱い者同士がともに助けあって生きていこうという人間のかかわりあい方に日本独特のものがある。

日本国憲法の前文には「日本国民は、恒久の平和を念願し、人間相互の関係を支配する崇高な理想を深く自覚するのであって、平和を愛する諸国民の公正と信義に信頼して、われらの安全と生存を保持しようと決意した。われらは、平和を維持し、専制と隷従、圧迫と偏狭を地上から永遠に除去しようと努めている国際社会において、名誉ある地位を占めたいと思う」と明記されている。このように国際社会において名誉ある地位を占めたいと願うならば、私は「平和・共生」を大切にしていく思想、そしてそれを実現していくための技術をつくりあげ、そのことによって国際社会に貢献していくべきだと思っている。

## (3) 創造的復興――美しい兵庫を目指して

神戸を中心とする被災地は、二〇世紀の一〇〇年間、日本の近代化を先導してきた。そしてその世紀の終わりに、大震災によって近代西欧文明の陰の部分を教訓として学んだのである。

人類社会は二一世紀においても、科学技術の進歩や都市化の道を進むであろう。それは否定できないとしても、そのことによって生ずることが懸念される環境の悪化、貧富の格差の拡大、それに基づくテロや紛争など負の部分の解消と防止に努めなければならない。

わが国は、このような二一世紀の人類社会の課題を解決するために寄与する美しい資質をもっており、その美質をもってほかの国と違った独自の貢献をすべきである。

神戸を中心とする被災地は、破壊された街を、約一七兆円という莫大な資金と計測し得ないほどのエネルギーを投じて再興するのであるから、単に震災前の状態に復旧するのではなく、震災の教訓を生かして二一世紀にも通用する地域として復興しなければならない。二〇世紀後半の神戸が、二〇世紀型のピークを過ぎて衰退期に入っていたことを思えば、二一世紀に日本が担うべき役割を果たすための新しい都市機能を備えることこそが、二一世紀に通用する真の復興につながるのである。新しい機能とは何か。それは武力や経済力といったこれまでの文明が追い求めたハードパワーではなく、「平和の技術」といったソフトパワーの開発である。

具体的にいえば、人間が人間らしく生きていくための「人間サイズのまちづくり」や安心して生活ができる環境づくり、健康、医療、福祉、芸術文化、環境、防災といった分野、さらには経営倫理に裏打ちされた経済運営の分野などにおいて中心的役割を担う地域をつくっていくことである。

そんな努力を私は〝創造的復興〟と呼んで、〝美しい兵庫〟の実現を目指してきたつもりである。震災から一五年を迎えようとするいま、これらは着実にその成果をあげつつある。

そのことは、「復興進む」（一七九ページ参照）の中で代表的な五つのプロジェクトを中心に記述されているところであるが、これらはまさに「平和の技術」について、国際的にも最先端の研究、開発、人材養成、国際協力を目指すものであり、これらが被災地の都市機能として大きな地位を占めつつあることは注目されてよい。

もちろんこれらのプロジェクトが計画どおり進行するためには、被災地の市民がそのことに誇りに思う意識が不可欠であり、さらにいえばその意識醸成のためには市民生活のなかでその成果が活かされていなければならない。このことについても、総合的なアーバン・デザインのもと、諸々の分野で公民協働の努力が続けられている。

現にこの地域においては、住宅の高齢者用設備整備率が高く、しかも、住宅が商店街などの近距離にあって、高齢者向けの福祉・サービス業者も多いことなど高齢社会に適したまちづくりが進んでいる。これらが社会的に評価されていることは、この地域において高齢者を中心とする人口の社会増がこのところ著しいことに表れていると思われる。「人間サイズのまちづくり」の取組みが、他地域の高齢者を中心とする人たちに、魅力的に映っているのである。

# 第5章　阪神・淡路震災復興計画

## （1）復興計画の枠組み

災害によって破壊されたものを従前の姿に復旧するという考え方に立てば、破壊されたものはハードなものが中心であるから、復興計画はまずハードからということになる。現にこれまでの復興計画は関東大震災も含めてそうなっている。

しかし、創造的復興という考え方に立てば、復興によってどのような社会構造を創造していくかということがテーマとなるので、その中心はソフトの復興である。したがってソフトの復興とそれに見あったハードを整備することになる。「阪神・淡路震災復興計画（フェニックス計画）」は、創造的復興を目指すものであるから、計画の構成が従来型のものとはまったく異なっている。

従来型では、住宅、道路、鉄軌道、ライフラインの復旧、それに経済復興という順に進めるのが普通であるが、フェニックス計画は「二一世紀に対応した福祉のまちづくり」を項目の最初に掲げ、次に「世界に開かれた、文化豊かな社会づくり」と続けていることをみても、創造的復興の考え方が表れている。実は、フェニックス計画も計画づくりを始めた初期の検討案では従来型であったが、創造的復興を掲げて復興のあり方を巡って議論を進めていく過程で一八〇度転換することとなったのである。

以下、フェニックス計画の五本柱に沿った復興事業とその考え方を振り返って説明しよう。

## (2) 二一世紀に対応した福祉のまちづくり

阪神・淡路大震災は、これまでの市民生活のあり方に対して大きな課題を提起した。近代都市文明は、人類社会に大いなる経済的豊かさをもたらし、市民は自由で快適な生活を謳歌することができるようになった。と同時に、個人の価値と主張を最大限に尊重することによって、家庭や地域における人間関係の絆を弱くし、人倫の崩壊すら懸念されるまでになってきた。阪神・淡路大震災は、このような都市における市民のライフスタイルがこのままでいいのかが鋭く問われたのである。(「阪神・淡路大震災の教訓」(一一三ページ)参照)

日本の高度成長期において、人々は都市に集まり一戸建てやマンションのマイホームに憧れ懸命に働いた。この結果、隣人関係が希薄なまま、建物だけが無機的に連なる街が各地に誕生した。そこでフェニックス計画における復興のまちづくりは、単にハードな街を再建するのではなく、都市に住む人たちの安全で快適な生活を約束するため、街区全体を居住者全員が生活空間として共有できるライフスタイルづくりを実現する場とすることとした。その空間で居住者が協働して、人間らしい生き方をする街をつくるのである。具体的には、「グループホーム」「コレクティブハウジング」や「コーポラティブなまちづくり」である。

グループホームは、寝室、浴室、トイレなどはそれぞれ各個人用のものを備え、居間、食堂などは共用空間として、血縁などは関係のない数人のグループが居住する住宅である。プライベートを保ちつつ仲よく団らんをしながら、一つの屋根の下で充実した共同生活をするスタイルである。

コレクティブハウジングは、グループホームの考え方をとり入れ、多数の世帯が入居する共同住宅に、共用空間を設け、その共同生活をサポートするＬＳＡ（生活援助員）などを配置するもので、かなり多くの公営住宅がこの方式で建設されている。

これらの発想は、仮設住宅の建設にあたって、一〇〇戸に一つずつ「ふれあいセンター」を用意し、そこでは入居者同士はもちろん、行政やボランティアの支援者なども参加した集いやいろんな交流をして、被災者の孤立化を防ぐことに大きな効果があったことがヒントになった。復興公営住宅でも、同様の考え方で「コミュニティプラザ」を設けることとした。

最近では、利用権方式でいろんなタイプの「ケア付マンション」が増加しつつあるが、これも一種のグループホームといえよう。このような共助の仕組みを組み込んだ住宅とライフスタイルは、どちらかといえば対象が高齢者に片寄っているため、時間の経過とともにいわゆる老々介護の状態になるなど課題もある。しかし今後、在宅医療や介護が充実されることとなれば、この方がはるかに充実して効率的なシステムを実現する可能性が高いと思われる。わが国の高齢化社会を先どりした型の災害復興住宅で、住民同士の支えあいとそれをサポートするシステムをつくったことが、今後の長寿国日本のライフスタイルのモデルとなるであろう。

コーポラティブなまちづくりは、各街区の居住者たちが、各自のもっている土地をもち寄って共有のテラスや庭園をつくるなど、街区全体を一つの居住空間としてまちづくりを行うものである。従来のマイホーム型が閉鎖的なライフスタイルであったのに対し、グループホームやコーポラティブなまちづくりは開放的なものであり、落語に出てくる江戸時代の長屋がそのプロトタイプといえるのかもしれない。もともと生活協同組合運動が定着していたこの地域では、震災後さらにボランティア活動やNPO事業が広がりをみせている。これからはさらに、このような協働のまちづくりが進むであろう。

一九九七年一一月、私は建築家の安藤忠雄氏とともに、パリで開催された「日仏文化サミット」のパネラーとして招聘を受け、フランス側と建築やまちづくりに関して意見を交換した。

安藤忠雄氏は「いま一番大きな都市の問題は人間のネットワークだ。僕は、被災地に二五万本の木を植えるグリーンネットワークを始めた。うち五万本は、コブシなど白い花の咲く木にして鎮魂の意味を込める。木は毎年大きくなる。子どもたちはそれを育てることで、自分が生まれ育った街を自分の手で復興する。あらゆるものが多重的に重なりあうネットワーク都市を考えたのは、震災復興は一人ではできないし、行政だけでも民間だけでもできないからだ。都市は本来、人間の力が守っていくのではないか」と語った。

私は、「阪神・淡路大震災では、犠牲者のうち高齢者が約半数を占めた。都心の悪化した環境に高齢者がとり残されていた。若年層や高所得者が移り住んだ郊外では、内向きの生活スタイルが主流となっている。復興の課題は、都心・郊外を問わず、コミュニティをいかに回復するかにある。そのために、復興のまちづくりの理念として、人間サイズのまちづくりを基本としている。それは、経済の発展を中心として効率的で画一的な大都市を目指すのではなく、そこに居住する市民の生活の安全、安心、健全な環境を目指すアーバンプランニングである」と話した。この人間サイズのまちづくりの理念は、いままでの「巨大サイズ」「経済サイズ」「画一サイズ」によるまちづくりの反省として、後に兵庫県の都市計画の基本として条例化されたところである。

## (3) 世界に開かれた、文化豊かな社会づくり

故人となられた斉藤守慶前毎日放送会長が、震災直後、多額の義捐金を持参して私を訪ねられたとき、「一生懸命努力して収集してきたものが、家とともにすべて壊れてしまいました。負け惜しみではなく、いままでそんなことに執着してきたことが空しく感じられて、いまは晴々とした気持ちになりました。これからもっと充実した生活ができるように思いますよ」と微笑を浮かべながら話されたことが、印象深く私の記憶に残っている。近代文明は豊かさをもたらし、そのことは人間

の物質的な欲望を満たすことに最大の価値を置く風潮をつくってしまった。しかし、人間が生きるという真の意味は、そんなところにないことも事実である。

宇宙物理学者の小田稔氏は、理化学研究所理事長をされていた頃、播磨科学公園都市に「大型放射光研究施設SPring-8」を建設することを通じて親しくしていただいたが、震災後、所長をされていた国際高等研究所の主催で危機管理をテーマとしたシンポジウムを開催していただいた。そのシンポジウムで小田氏は「地球は必ず大きな隕石と衝突する。それを回避することはできない。そのとき、人はどんな行動をとるだろうか。第二次世界大戦後、ヨーロッパの人たちは、目の前で人が殺しあいをするのをみて絶望していた。この人たちに再び生きる勇気を与えたのは、ヘミングウェイの小説であり、カザルスの音楽であり、ピカソの絵であったといわれる。このことが先の問いに対して大きなヒントを与えるのではないか」と発言された。極めて示唆に富む言葉であった。

阪神・淡路大震災の被災地では、音楽家、美術家、演劇人などが、犠牲者の鎮魂と被災者支援のため活発な活動を展開され、それは被災地に大きな感動の輪を広げていった。このことは、高齢化した成熟社会における芸術文化のもつ意味を私たちに再認識させるものとなったのである。

震災復興計画の柱の一つとして芸術文化を位置づけたのは、以上のような理由からであるが、行政が芸術文化に関与することは種々問題があり、難しい問題を伴うことも否定できない。阪神・神戸地域は国際的なかかわりの中で阪神モダニズム文化を生み、それが根づいていた。このため兵庫県は震災前から、高い水準にある芸術活動を支援する基金を設置し、舞台芸術を創作し、劇団も運営して、芸術文化のソフトを充実させる支援策を続けていた。劇場や美術館などのハード面の整備は、これらのソフト事業が展開されることにあわせて整備する方針であった。

このような施策を推進している途上で、震災により大きな打撃を受けたわけであるが、これら芸術文化施策の推進は創造的復興の中で、その重要性を一層高めることとなったのである。

西宮の「県立芸術文化センター」、神戸の「県立美術館〝芸術の館〟」はそれぞれ文化芸術分野における創造的復興の事業の中核であり、建物自体もさることながら、それを活用した各種事業の展開と運営で、専門家のみならず県民多くから高い評価を得ているところである。幸い、全国的にも注目を浴びていることは嬉しい限りである（「震災復興のシンボル—兵庫県立芸術文化センター」（一九五ページ）参照）。

震災前からのプロジェクトとして忘れることができないものに、コミュニケーションをテーマとした「日仏友好のモニュメント」建設事業がある。このことについては、別途詳細な記録が公表されているので[*17]ここでは省略するが、淡路島で着工された直後に震災が起きたので、その建設は休止されている。この事業についても、モニュメントというハードの建設だけでなく、コミュニケーションの重要性を世界中に発信して、人類社会の平和と安全を目指すというソフト事業が意図されていた。このコミュニケーションの理念を考え、実践していく事業は、「アジア・太平洋フォーラム

＊17　計盛哲夫『コミュニケーション文明をめざす』（神戸新聞総合出版センター、二〇〇七年一二月）

淡路会議（井植敏代表理事）」として、いまも毎年、モニュメント・サイト予定地にある安藤忠雄氏設計の淡路夢舞台で開催されている。

## （4）既存産業が高度化し、次世代産業もたくましく活動する社会づくり

グローバル化した国際経済社会で先進国の産業は、低賃金の発展途上国との価格競争にさらされる。先進国は、そのことによって低賃金化策をとるのではなく、むしろこれからは少子高齢化が進むことを見越して、高賃金がもたらす内需拡大で活力を維持しなければならない。そのためには新技術開発による高付加価値型の経済構造を構築する必要がある。

また、日本が経済先進国として内需型の経済構造を目指すとき、それは真の豊かさを実感するため国民が求めている需要を満たすものでなければならない。単に多様な消費財の供給といったことではなく、環境、医療、福祉、子育て、防災といった豊かなライフスタイルづくりに資する上質なサービスの供給が主役とならなければならない。

そこでフェニックス計画では、環境、医療、福祉、防災などソフトパワーの分野における国際的水準の研究機関や国際機関を誘致して、熱帯雨林のように大小・異分野の様々な企業が自由に高度な技術開発や高付加価値競争ができる地域環境をつくることを目指すこととした。

幸い、五つの国家基幹技術のうち「次世代スーパーコンピューター」「X線自由電子レーザー」

の二つが兵庫県内で建設中であり、すでに運用されている理化学研究所の「発生・再生科学総合研究センター（神戸）」や「大型放射光施設SPring-8（西播磨）」と相まって、最先端技術研究施設の集積が進みつつある。これらが、立地産業の企業努力と相まって、地域の活力をつくっていくことが期待されている（「世界最先端技術基盤の集積―ギガ、ナノからペタ、フェムトへ」（二〇一ページ参照））。

さらに、先端技術の集積によって熱帯雨林型の経済構造がつくられていくことになると、それに伴って国内外の優秀な人材がこの地域に集まってくることになる。そのためには快適な居住空間が必要になる。もともとこの地域は、海と山に囲まれていて文化性も高い。瀬戸内海気候で〝よい光、よい音、よい香り〟に恵まれている。高度経済成長期に環境破壊が進んだが、その再生を目指して、復興事業の中で「国際園芸・造園博ジャパンフローラ二〇〇〇淡路花博」や「尼崎二一世紀の森構想」などにより、緑あふれる美しい環境づくりをすることにした。

また神戸港を舞台に、政府の支援を得ながら成長著しい中国の上海・長江地域と神戸阪神地域の交易プロジェクトなども推進することにしたのである。

## （5）災害に強く、安心して暮らせる都市づくり

大きな被害を受けた被災地としては、二度とこのような惨状が起きないよう災害に強い都市づく

りを目指して復興することは当然である。

すでに、災害対策編（第Ⅰ編）で「社会基盤の整備」（四二ページ参照）および「国土政策」（四七ページ参照）の必要性などを述べたところであるが、フェニックス計画では、政府の積極的な支援助を受けて、道路、港湾、鉄道、住宅、各種ライフラインなどの復旧・復興を積極的に行ってきた。その中で、創造的復興のプロトタイプとでもいうべき代表的なものをとりあげてみよう。

一つは、道路の「6・6基幹軸整備」である。六甲山脈と海岸に挟まれた東西に長いこの地域では、国土幹線軸ともなる道路は、当然、東西軸に整備の重点が置かれ南北軸の整備は十分でなかった。そこでフェニックス計画では、フェールセーフの考え方に立って、東西・南北に六本の基幹軸を整備することとした。これが「6・6基幹軸」である。

このうちの東西幹線の一つに「山手幹線道路」がある。この街路は、神戸と阪神地域の山沿いの高級住宅地を東西に貫くので、沿線の住民の反対意見が強く、震災前は長期間にわたって一部分だけの開通で工事は止まっていた。これが震災を契機に一気に整備が進むこととなったわけであるが、この街路整備にあたって新しい発想をとり入れることとした。震災時に国道二号線や四三号線がボランティアなどの多くの歩行者と自動車で混雑したので、山手幹線は非常時にはボランティアなどの歩行者専用道路とし、平時は沿線住民が道路空間を利用した催し物も行えるような「山手ふれあいロード」としてソフト・ハードにわたる整備をすることとしたのである。

また、標高一〇〇〇メートル近い六甲山系は市街地と接しているため、山麓の住宅開発が著しい。

昭和の初期には海抜四〇メートル付近まで開発されていたが、震災時にはそれが三〇〇メートルを超えるところまで宅地として開発が進んでいた。人間が危険に近づいていたのである。そこで、保安林などの規制がかかっていない民有地を買いあげて山麓一帯を「六甲山グリーンベルト」とし、保安林などと一体的に住民の健康、リクリエーション空間として活用することとした。

震災についていえば、災害に強いまちづくりの即効的な対策は、建築物の耐震化である。建築物の耐震基準についていえば、現行の新耐震基準（一九八一年施行）で阪神・淡路大震災の規模でも十分であることが実証されたといえよう。問題はその基準以前の建築物の対策をどうするかということである。このため兵庫県は、復興事業とあわせて、既存建築物の耐震化にも取組んだ。具体的にはまず普及啓発に努めたほか、一九九六年から耐震診断の助成事業を新規に行い、二〇〇三年からは耐震改修助成も始めた。最近では中国・四川大地震における甚大な学校被害をみて、わが国でも政府が学校耐震化に積極的な対応をすることとなった。しかし、全体的にいって、建築物、特に住宅の耐震化は十分だとはいい切れない。今後、最新の耐震技術の活用などによって低コストで、建物が壊れても人の命だけは助かるような実効性のある工法の開発などにさらなる努力を重ねて、国民的課題として取組むべきである。

ところで、こと「防災」の分野では、わが国は技術でもシステムでも、世界のトップクラスにあるといわれている。しかし、人力によって自然災害を完全に防止することはできない。そこで災害が起きたとき被害をできるだけ小さくする「減災」についての十分な対策が必要となる。この分野では日本よりもアメリカが進んでいるといわれている。

確かに「防災」対策といえば、わが国では自然科学系の関係者が中心であって、社会科学系の参加はいままで少なかったといえよう。しかし「災害に強く、安心して暮らせる都市づくり」では、この減災対策が極めて重要である。中でも、被災地にとって住宅の早期再建は生活復興の基本であるとともに、被災地経済にとっても影響を最小限に食い止めるために不可欠である。わが国の現行法体系では個人住宅の復興に公的資本は投入できないという大きな障害があったが、フェニックス計画の推進する中で、この課題の解決に向けての一歩を踏み出すことができた（「住宅地震災害共済制度」（七七ページ）参照）。

「減災」ということは、住宅対策の分野に限られないことは当然であって、この度のフェニックス計画で十分な解決をみることができなかったものが多い。被災者の生活復興、被災地の経済復興などに関して総合的な法体系が整備されなければならないと痛感している。私は防災教育、災害対策の専門的な人材育成も含め、「防災」と「減災」を統合した体系ができたとき、わが国の防災文化ができあがると思っている。

## (6) 多核・ネットワーク型都市圏の形成

都市にすべての機能が集中することの危険性は先に指摘したとおりである（「都市の脆弱性」（四

七ページ）参照）。そこで、交通運輸システムや情報通信システムがこれだけ進歩した今日、人口や都市機能を分散させ、それをネットワーク化することが国土政策として必要となってくる（「二一世紀国土ビジョン」（四八ページ）参照）。

フェニックス計画でも、多核・ネットワーク型都市圏の形成に努めることとし、臨海部埋立地に住宅地を建設したり、全県的に防災拠点を整備したほか、近郊の中山間地への人口分散施策を検討した。しかし人口分散政策は難しく、若干の試みも十分な成果をあげたとはいえない。

しかしいま、団塊の世代が定年退職期を迎えているが、彼らの意識調査の結果では農山村志向もかなり高い数値を示している。また、いわゆるワークライフバランスの考え方も進むと予想されるので、今後は社会構造が集中から分散の方向へ進んでいくことも期待される。

兵庫県は、往時の区分でいえば摂津、播磨、但馬、丹波、淡路の五つの国から成り立っており、日本海から瀬戸内、太平洋に面していて気候風土も変化に富んでいる。したがって、豊かな農林水産物を産出し、道路網や情報システムなども全県的に整備されていて、多様なライフスタイルができる条件に恵まれている。県下各地の自然的、文化的個性を核に拠点を形成し、それをネットワーク化することによって、安全で豊かな県民生活が構築できる。

ただ、これは人の生活にかかわることであるから、ハードの分野だけでなく生活全体にかかるソフトなサービス機能を十分整えなければならない。極端にいえば、高速道路システムをつくっても日本のように道路利用料金が高いようでは利用する自動車は少なく、建設効果が期待できないのである。災害対策編（第Ⅰ編）の「国土政策」（四七ページ参照）で述べた課題を乗り越えていかなければならない。

# 第6章　経済人の群像

震災復興にあたっては、政界、官界、学界、マスコミ界など各界の数え切れないほど多くの人から熱いご支援をいただいた。その中で最も心配していた被災地の産業復興に献身的な活躍をされた経済人の奮闘を忘れることができない。

ここでは、そのうち公的なプロジェクトにリーダーとして直接かかわっていただいた人のエピソードを少し綴ってみたい（ご逝去された方を含め、肩書はすべて当時）。

## （1）川上哲郎関西経済連合会会長

関西経済連合会、いわゆる〝関経連〟には、かつて東洋紡の宇野収氏という優れた会長がおられた。「関西文化学術研究都市（けいはんな学研都市）」など関西のビッグプロジェクトを推進する一方、全国的にも行財政改革などでトップリーダーとして活躍された。幸い、宇野氏は私と一緒に地方分権などにもご尽力いただいたが、播磨科学公園都市の「８ＧｅＶＳＲ」の誘致などにも積極的にご支援をいただいた。その宇野氏が、従来の常識にとらわれず政府にもきちんとものをいえる人物として、自分の後継者に選ばれたのが川上哲郎住友電工会長である。それだけあって、その見識、国際性、行動力などは抜群の人である。

この川上氏が、震災時の関経連会長であった。神戸に自宅があり、被災者の一人でもあった。私や笹山神戸市長とともに、政府の阪神・淡路復興委員会の委員にも就任された。大阪経済界の一部には関西国際空港問題と神戸空港を巡る経緯から、兵庫・神戸に根強い感情のわだかまりがあった。とはいえ、地震によって壊滅的な打撃を受けた電力、ガス、鉄道、情報などのライフラインの復旧をはじめ震災復興には大阪経済界の全面的参加が不可欠であった。川上氏は、こうしたわだかまりを超えて日本全体さらにはグローバルな視点から、被災地の創造的復興に深い理解をいただき、豊田章一郎経団連会長とも協力してくださった。特に、産業復興の〝切り札〟として「エンタープライズゾーン構想」の実現などに大きな支援をいただいた。

## (2) 牧冬彦神戸商工会議所会頭

石野信一氏が大蔵事務次官を退官後、出身地とはいえ一地方銀行である神戸銀行（後に太陽神戸銀行）の頭取に就任されたことは当時の関係者を驚かせた。その後、石野氏は、経済界のみならず各界の多くの人々の信頼を集めて神戸商工会議所会頭に就任され、神戸空港の推進など兵庫・神戸の発展に大きな貢献をされた。

震災時には、その石野氏の後継者である牧冬彦神戸製鋼所取締役相談役が会頭だった。牧氏は労務畑の出身で、責任感の強い理論家肌の人であった。それでいて、長いシベリア抑留生活も経験されていて人情味も厚く、酒席では小唄を詠うといった粋なところももちあわせておられた。荒井明元日経新聞社長が神戸へ来られると、私も交えてともに碁盤を囲んだ仲でもあった。

この温厚な牧氏が、中小企業の震災対策やエンタープライズゾーン構想には、神戸復興を双肩に担った気迫で目に涙しながら政府関係者と直談判をされていた姿は忘れることができない。復興十年を見届けるように他界された。惜しまれてならない。

## (3) 中内㓛ダイエーCEO

わが国の流通革命をリードされた神戸出身の中内㓛氏は、時代の風を読むことにかけては天才的な人であったと思う。震災時の迅速な対応も、中内氏らしさが評判になった。被災者が安心するように、スーパーの電気を一晩中つけるよう指示したのも中内氏であった（「ヘリコプター」（八三ページ）参照）。

ところで、産業復興の大きな課題の一つに、未利用のままになっているポートアイランドⅡ期地区の活用があった。震災前に、ここには神戸経済界を中心に大型集客施設として神戸レジャーワールドを建設する事業がスタートしていたが、震災後にこの事業を進めるかどうかが問題となった。私はこのプロジェクトに目途をつけるのは中内氏しかいないと判断して、神戸レジャーワールドの推進役をしていた柏井健一神戸商工会議所副会頭を世話役に、亀高素吉神戸製鋼所社長や大庭浩川崎重工業社長の協力のもと、「神戸経済復興円卓会議」を開催しそのメンバーとして中内氏を引っ張り出した。

中内氏は、アメリカの最新のノウハウによる大型集客施設の建設や先進国にあって日本だけにないカジノの建設などを真剣に検討していただいた。しかし、最終的には広大な用地の取得費に難点があって事業は立ち往生して、同氏も事業化を諦めるところとなった。

やむなく大型集客施設構想は、兵庫県のヒューマンケアパーク構想に移行させることとしたが、その後の神戸市の努力によって、ポートアイランドⅡ期地区は、「医療産業都市構想」の舞台となって再浮上した。結果的に、この方針転換は正しい判断となったと思われるが、振り返るとこれも中内氏が冷静に風を読んで大型集客施設を潔く断念されたことによるともいえよう。

## （4）亀高素吉神戸製鋼所社長

亀高氏は一世を風靡した神戸製鋼所のラグビーを支えた豪快な人ではあるが、極めてナイーブでロマンにあふれる人でもあった。

震災によって一万二〇〇〇近い神戸の企業のうち半数が被災、うち三割が本拠地を市外へ移した。これによって産業の空洞化が懸念される中、亀高素吉神戸製鋼所社長は、大きな被害を受けた自社の高炉を「現地で早急に復興させる」との決意を大声で宣言された。神戸の高炉は、世界の自動車用弁バネの大きなシェアを生産する優秀な性能をもつものである。各被災企業に現地復興を訴えていた私にとって、この宣言は大きな力を与えてもらった思いであった。

震災の数年前の話しであるが、神戸製鋼所がやがて創業一〇〇周年を迎えるにあたって、亀高氏は遊休地となっている創業の地に、それにふさわしい何かを設置したいと考えておられた。そうした折、神戸大学医学部馬場茂明教授のアドバイスもあって、WHO（世界保健機関）が構想している二一世紀健康戦略研究センターを、兵庫県、神戸市、同商工会議所の協力を得て誘致したいというアイデアが亀高氏から提案された。そしてWHOの誘致を県、市、商工会議所、神戸製鋼所の四者で推進することに合意した。私は石野信一商工会議所会頭、小川卓海神戸市助役とジュネーブのWHO本部を訪ねて、その意思を伝えた。

当時WHOの事務局長は中島宏氏で、官房長の川口雄次氏が本部にあってこの構想を推進されていた。この構想には加盟各国のいろんな思惑があって、日本誘致は必ずしも順調でなかったようである。たまたまWHO執行理事会で神戸誘致の件を審議している最中に、候補地である神戸の大震災が報道された。ただちに私あてに「震災にもかかわらず、誘致の意思ありや」との電報が届いた。すぐさま四者で協議して、「誘致する方針に変更がない」ことを伝えた。執行理事会は復興支援の雰囲気に包まれ、全会一致で神戸設置が決定されたそうである。

神戸製鋼所発祥の地である脇浜のＨＡＴ神戸に、建築家丹下健三氏設計により新築されたＩＨＤビルの中で、いまＷＨＯ神戸センターは活動している。また、このＷＨＯ神戸センターが神戸に設置されていることは、その後、日本政府が神戸医療産業都市構想を推進する方針を決めるにあたっての一つの大きな動機となったのである。

## (5) 大庭浩川崎重工業社長

大庭浩氏は造船技術畑の出身である。長らく日本海洋科学センターの理事長を務められるなどスケールの大きな発想をされる人物であった。

川崎重工の神戸本社ビルは、神戸随一の超高層ビルである神戸クリスタルタワー（三二階）で、そのすべての外側壁面がガラスであるが、震災でそれが一枚も割れなかった。大庭氏は、そこで示された技術力の高さを自慢されていた。

震災の年の八月、かねて経営問題が指摘されていた兵庫銀行が破綻し、大蔵省の主導でみどり銀行として発足することになった。同省から地元経済界への出資要請があり、私がこの件で大庭氏と協議したとき、「応分のご協力はさせていただきますが、当社はものづくりをする会社ですから、この面で大きな貢献をしたいと思います」と念を押されたことがあった。

このときの大庭氏のいう貢献が、「新産業創造研究所（後のＮＩＲＯ）構想」であった。この具体的な内容は、「翔べフェニックス」（前出）で詳述されているので省略するが、マサチューセッツ工科大学のポール・Ｅ・グレイ理事長、ケンブリッジ大学チャーチル校のマスター、サー・ジョン・ボイド氏（前駐日大使）、吉川弘之東京大学総長などが参加する壮大なものであった。私も一九九七年秋の訪英の機会に、大庭氏と一緒にケンブリッジを訪問し、東大総長退官後、チャーチル校に在籍されていた吉川氏やボイド氏らとこの構想推進を巡って協議をした。

ＮＩＲＯは熱帯雨林型経済構造による産業復興を進めるうえで大きな功績を残している。

## (6) 柏井健一柏井紙業社長

兵庫県・神戸市・経済界で出資して運営していた神戸国際会館は震災で壊滅的な被害を受け、川崎重工出身の大西胖社長も自宅で震災の犠牲となられた。

この会館は、第二次世界大戦後の戦災復興のシンボルとして、神戸市の中心地・三宮に設置されたものである。外国領事館も入居していた貸事務所のほか採算が難しい大ホールもあって、会館経営には苦労が続いていた。社長は慣例として神戸商工会議所の副会頭経験者から選任することとなっていた。私は震災で犠牲者となられた大西氏の後任として、前年に副会頭を辞任していた柏井健一柏井紙業社長が適任だと判断して関係者の了解をとった。

柏井氏は神戸で生まれ、神戸で育ち、神戸から外へ出たことはない人である。神戸青年会議所やロータリークラブのほか神戸経済同友会、神戸商工会議所の活動を通じて五〇年余にわたり、神戸経済界の中心にいて活躍してこられた人である。県・市はもちろん、神戸に関係する政府関係機関や金融証券会社、マスコミなどの関係者も一目を置く存在であった。

実は、柏井紙業の本社ビルも震災で倒壊しており、本人の健康状態も万全ではなかったのであるが、同氏は私の要請を受けてくれた。そして私たちの期待に違わず、会館が再建されるまで暫定的な仮設ホールを運営しながら、一九九九年四月、見事に再建された。新しい神戸国際会館はスマートで洒落たデザインであり、経済人らしく、採算のとれる運営体制も確立していただいた。

大ホールの緞帳は、柏井氏が奔走して神戸ゆかりの巨匠、東山魁夷画伯の絵によって製作されたが、それは画伯の絶筆になった。こけら落としは、前のホールの初演もされた朝比奈隆氏指揮による大阪フィルハーモニー管弦楽団の演奏会であった。

# 第7章 復興対策物語余談

## (1) ガレキ撤去　処分場

阪神・淡路大震災のように家屋、建物が大きく破壊されると、まずそのガレキを処分しなければ復興への一歩を踏み出すことができない。したがって、ガレキの処分は、復興を進めるうえで極めて重要である。

ガレキの処分は通常、そのガレキの所有者が責任をもつことになっている。しかし、あれだけの被害になると撤去費用の負担も大きくなるし、所有者の事情で放置したままにして一部でも撤去が進まないと街全体の復興ができないということになりかねない。復興は極めて困難な問題に直面した。幸い政府の決断によって、負担能力をもつ大企業など一部の事業者を除き、ほとんどの場合は公費でガレキを撤去することとなり、これによって撤去作業も極めて迅速に進んだ。しかし反面では、様々な課題も生じた。

その一つは、個別の事情を無視する形での撤去になってしまったということである。ガレキの中には自分の大事な品物がまだ埋まっていて、それには個人個人でいろいろな思いが残っている。それを説得しながら、一度に大量のガレキを処分したが、それが人々の失った家や住んできた街への愛着といった情緒的な絆を断ち切ってしまう結果になったという批判である。

二つは、兵庫県の一年間の排出量の八倍を超すという大量のガレキを処分するため、処分場を確保してそこへ搬送することが困難を極めたことである。震災当時、関西ではたまたま大阪湾広域臨海環境整備計画（大阪湾フェニックス計画）のもとで、兵庫県が幹事県を務めて大阪湾に廃棄物の埋立処分場を共同建設していたため、これが大量のガレキを処分するのに非常に威力を発揮した。もちろん、神戸市が確保していた六甲山の内陸部の処分場などもフル活用したが、大阪湾フェニックス計画がなければこれほどスムーズな処分はできなかったであろう。

三つにはやむを得ないこととはいえ、ガレキを運ぶダンプカーやトラックの長蛇の列は、被災地の交通渋滞の大きな要因となってしまった。もう少し時間をかけて処分する計画であれば、このような事態は生じなかったのかも知れない。しかし、復旧、復興に長期間をかけるとなると、それはそれでまた別の問題が生じることになる。そのため、ガレキの公費負担によってスピーディーに処分する方針を採用したのである。

## (2) 震災ルック

被災直後の街は、ガレキの撤去作業でほこりだらけになった。しかも、道路が遮断され、渋滞していたため自転車とバイク、何よりも歩くことが移動の主体になっていた。したがって当時、老いも若きも、男性も女性も、皆リュックサックを背負って大きなマスクをして歩くのが典型的なファッションになった。「震災ルック」といわれたものである。

アスベストによる健康被害が社会問題として認識されるようになったのはごく最近のことであるが、震災当時からもガレキの撤去時にアスベストが大量に飛散する可能性は指摘されていた。それでも、そのことに対する知見は限られていて、行政上の措置権限もなかった。

そこで、業者に対しては工事中に散水をして粉塵がなるだけ出ないように作業するように指導した。一方、アスベストはその性質上、四方に飛散する可能性があるため、一般市民への対策も考えて、被災市町にマスクを無償で配布した。それが「震災ルック」を生み出した一つの原因になったようである。

## (3) 無償支給のタイムリミット

避難所に避難された大勢の被災者に、必要最低限の食べ物や飲料水、暖衣、毛布などの生活必需品を無償で配付する。それが必要であることはいうまでもない。

しかし、実はこれを二ヵ月、三ヵ月と続けていくと、周囲の商店の復興を阻害することになる。つまり、商店が復興するためには住民に商品を買ってもらわなければならないが、行政が無償で被災者に物資を支給し続けるとなると商売にならない。もちろん、行政が生活必需品を無償で支給するためには、どこかで物資を購入しなければならないわけだから、周辺の商店街で調達すればよいということになる。しかし、大量の生活必需品を一度にそろえることが小さな商店ではなかなかできないから、業者に一括して委託することになる。そのため、こうした問題が発生するのである。

無償支給はやはりアブノーマルな状態であるから、一定の時期が到来するとノーマルな状態に切り替えるという決断をしなければいけない。私はその決断をいつ、どういう形でするのか、非常に難しい判断を迫られた。行政としては、無償支給は長ければよいというわけではないことを認識する一方で、そのことを被災者にも理解していただく努力が必要である。

被災者生活支援にあたって、現物支給方式ではなく現金給付方式をとれば、このような問題はないと考えられる。しかし、高齢者などにとっては、現物支給方式に比べて、現金給付方式は不便だなどの短所もあるので、合理的な併用方式を工夫すべきであろう。

## (4) 風評被害

神戸を中心とする被災地では、観光産業のウェイトが大きい。大震災によりこれらの業界が大きな打撃を受けた。神戸市内の都市ホテル、有馬温泉街、淡路島の旅館などの関係者は、その復興に全力を傾注して早期復興に努力された。しかし、営業再開されても、観光客の回復の足取りは遅かった。被災地のみならず、兵庫県というだけで、日本海側の城崎温泉や湯村温泉などの観光地も同様であった。被災地では何とかお客さんにたくさん来てほしいのであるが、被災地外からみれば被災地の皆さんが被災で苦労されているのに物見遊山にでかけるのは気が進まないと感じられるのは、致し方のないことかもしれない。

県では国の支援をいただきながら、仮設住宅で不自由な生活を続けておられる被災者を、県内観光地へ案内して数日間手足を伸ばしてもらう「避難者リフレッシュの旅」を実施したりもした。これは避難者からも、関係業者からもたいへん喜んでいただいて、その後、お礼の手紙がたくさん届けられた。

神戸市内の大企業の支店長さんが協議して、企業が関係する各種会合をできるだけ神戸市内で開催する運動も自主的に展開された。たいへんありがたいことであった。橋本龍太郎通産大臣から「日本、アメリカ、カナダ、EUの貿易担当大臣の四極通商会議を、来年四月下旬に日本で開催することとなっている。外国の出席者からは、桜の花をみることも期待されているのだが、神戸で開催することとして、何か知恵はないか」という好意ある提案を受けた。私は即座に「桜は任せてください。四月下旬でも桜を満開にさせてみせます」と返事した。神戸は標高一〇〇〇メートル弱の六甲山があって、一ヵ月くらいかけて山麓から順次開花していくので、四月下旬でも桜が満開になる場所がある。一九九六年四月二〇日の四極通商会議の終了後、参加者を神戸市立森林植物園へ案内して喜んでもらった。

このように官民あげて各般の努力を続けたが、いわゆる風評被害から立ち直るにはかなりの時間を必要とした。

## (5) 地元企業優先の原則

破壊された膨大な社会資本を復興するためには、莫大な資金が投入される。復興事業を被災地の被災企業に担当させることによって、この資金を被災地へ環流させ、被災企業と産業復興を進めることは当然とられるべき措置である。

しかし、神戸地域のようにある程度の企業集積があるところでも、大規模な復興事業を早期に施行する能力のある企業は限られている。そこで強引に地元企業優先の原則を採用しても、地元企業の下に大手企業が下請けとして入って事実上工事を施行することになり、施行責任が不明確になるなど別の課題が予測された。

産業復興にあたってこのことを解決する仕組みを何とか実現したいと考えたが、時間的な制約もあって結局は見送らざるを得なかった。今後の課題の一つであると思っている。

## (6) 復興家賃

阪神・淡路大震災の大きな特徴の一つは、被災者に高齢者が非常に多かったことである。戦後に建てられた老朽木造住宅に長い間、安い家賃で生活をしておられた高齢者が多かったが、震災ではこうした住宅の多くが潰れたのである。

新しい復興住宅は、公営住宅でも立派な鉄筋コンクリートづくりである。したがって、安全ではあるが建設コストが高くなり、家賃も高くならざるを得ない。それは経済原則からいって当然ではあるが、被災高齢者の多くは払えないのである。しかし「古い木造住宅でよいから安い家賃のままで」といわれても、これは事実上不可能である。

復興住宅が完成する頃、村山内閣に代わって、震災当時、通産大臣だった橋本龍太郎氏を総理大臣とする内閣が誕生した。その橋本総理大臣が一九九六年一月、就任後初めて被災地に来られたのを機に、私は「被災者が従前から支払っていた額の家賃で復興公営住宅に入れるよう公営住宅の家賃の軽減措置をすべきだ」と直談判した。

従来の公営住宅の家賃のルールからすると破格の安い家賃であったにもかかわらず、橋本総理大臣が決断された結果、その要望は実現した。入居者にとってはたいへん有り難いことであった。橋本氏にはいまでも深く感謝している。

## (7) 孤独死

仮設住宅での孤独死が頻発した。せっかく地震から助かった命が、このような形で失われていくのは忍び難いことであった。警察によるパトロールや民生委員をはじめとする福祉関係者、保健師、看護師など医療関係者、それにボランティア、もちろん仮設入居者同士の見守りなどにより、孤独死防止のため懸命な努力がなされた。

これを教訓として、復興住宅においては、グループホームやコレクティブハウジング、LSA(生活援助員)の配置など様々な取組みがなされたことは先述した(「二一世紀に対応した福祉のまちづくり」(一二六ページ)参照)。それでも、孤独死が後を絶たなかった。

ただ孤独死は、仮設住宅や復興住宅だけの問題ではなく、むしろ都市化の進展や経済環境の悪化などによるわが国全体の問題で、発生率においても被災市町とそれ以外の市町とに明確な差がないことが、一九九八年および二〇〇一年の二回にわたる調査によって明らかにされている。[*18]

*18 後藤武『阪神・淡路大震災 医師として何ができたか—医療救護・復旧・復興10年の道のり』(株)じほう、二〇〇四年)第六章第二節「孤独死」参照

まさにこの問題が、わが国全体の「二一世紀に対応した福祉のまちづくり」のテーマであることを示唆しているのであろう。

## (8) コミュニティ対策

日本の伝統的な地域住民組織は、農村型のムラ組織である。それは閉鎖的で、どちらかといえば長老支配の非民主的なものであった。戦前の都市における隣保組織は、いわゆる〝向こう三軒両隣〟で、第二次世界大戦中には大政翼賛会の上意下達の仕組みとして利用された。戦後の民主主義社会ではこれらが否定的に考えられ、制度的にも位置づけられることなく今日まで推移してきた。

行政関係者は、それでも地域住民の共助組織は生活の安全・安心のため不可欠だと考え、その時代、その地域にふさわしい住民組織のあり方を模索し続けてきた。一年で住民の三分の一が転入・転出するような都市の場合、それは組織として開放的でなければならず、固定的な人間関係をベースとしないアメリカ型のものが今後のモデルだとも考えられた。転居してきた人も市民としてのマナーを身につけ、自然にそのメンバーとなって子育てや環境美化などの地域活動をするのである。それを従来の伝統的な住民の〝近隣組織〟と区別するようなニュアンスを込めて〝コミュニティ〟と呼んだりもしていた。

震災対策として仮設住宅や復興住宅の入居者を決定するにあたって、いろんな制約条件の中、高齢者などの弱者優先や公平性の重視などの原則をとった。近隣組織としては、いわゆる〝コミュニティ〟が入居者間で新しく誕生することを期待して、「ふれあいセンター」や「コミュニティプラザ」を整備することとしたのである（一二一世紀に対応した福祉のまちづくり」（一二七ページ）参照）。現に若い人たちはそれでも、新しいネットワーキングをつくる人が結構多かった。二〇〇八年の暮れに、住む家のない大勢の失業者のため、東京の日比谷公園で設営された〝年越し派遣村〟の村長を務めた湯浅誠氏は、その経験から「家族やコミュニティの復権は追求しなければならないが、ただ昔に戻るのは無理。『こもれび』のような、誰でも来られる誰でも居られるような場所を、できるだけたくさんつくっていくことが必要ではないでしょうか」と語っておられる。

地域住民の共助組織は、自然発生的な地域共同社会（ゲマインシャフト）であり、市町村、県、国など利益社会（ゲゼルシャフト）とは異質のものである。高齢社会における被災者のＰＴＳＤ対策など生活復興対策としては、この地域共同社会が極めて重要なものであった。

震災激甚地の復興においては、人口密集地域では、安全のため人口分散の要素も考慮せざるを得ないし、〝もと住んでいた地域で、もと住んでいた人たちの近隣組織〟をそのまま再現することは理想であっても、それは事実上不可能に近い。それでも、グループホームやコレクティブハウジングなどの工夫により、地域共同社会が形成されるよう努力することが求められる。

## (9) 復興の進度――人口回復

復興からしばらくすると、よく復興は何割くらい進んだかという質問を受けた。この回答がなかなか難しいのである。進度を示す指標としては、たとえば計画に達する進捗率あるいは所得水準の回復度などが考えられるが、マスコミなどではよく人口が尺度として用いられた。ところが、一概に人口によって判断するのは問題がある。

今回の震災による被害激甚地の一つに神戸市長田区があるが、この地域は震災前の国勢調査による人口密度が兵庫県の中で最も高く、市部の平均の六・八倍である。日本全国でも、東京都の区部と大阪を除くとベスト一〇に入る高さである。

これらの地域は、都市の安全という点からすると問題があるのだから、都市計画においては人口分散を考慮することになる（「二一世紀国土ビジョン」（四八ページ）参照）。現にフェニックス計画においても、そのことを意識して仮設住宅や復興住宅の建設を進めたところである。しかし、あまり遠い所へ人口移動を誘導することは住民の生活復興上問題があるので、神戸市を三つのブロックに分けてその中で自然な形の人口分散を図ることとした。そうすると、ブロックとしては復興していても長田区だけでは〝人口帰らず、復興未だし〟といった新聞報道になるのである。

神戸市全体の推計人口は、二〇〇五年一〇月一日時点で、一九九五年一月一日より増加している。しかし、一九九〇年の国勢調査において人口密度の高かった順番に、長田区、兵庫区、垂水区、須磨区の四区では、二〇〇九年一月一日においても、一九九五年一月一日の推計人口より少ない。

## (10) 二〇年住宅

被災地の中心部には戦災直後か戦災復興の途中で建てられた老朽木造住宅が密集している。耐震性の低い木造賃貸アパートなどが多く、家賃や生活コストは安いので高齢者も安心して生活を楽しんでおられた。こうした老朽木造住宅の密集地が震災で大きな被害を受けた。

こうした反省から、住宅の復興対策として安全性が高く、しかも居住性も高い賃貸の集合住宅を用意した。家賃も特例的に従前並みの安い政策家賃を実現した。入居当初は、たいへん喜んでもらえたが、しばらくするとプライバシーの確保や保安上から頑丈につくられたこれらの復興住宅は、高齢者にとってはかえって住みにくいという意見が多く出されて評価が低くなった。

これらのことは住宅復興計画づくりの段階でもある程度予測されたものだった。そこで一部の有識者からは、入居者が高齢者なのだから建築基準を緩和して、耐用年数二〇年ぐらいのローコスト住宅、いわば上質の仮設住宅を早期大量に建設してはどうかという提案がなされた。貴重な復興資金をもとに建設するのだから、傾聴に値する意見ではあったが、このような二〇年住宅を大量に建設することは、立派な復興のまちづくりを目指そうとしている被災地の関係者にとっては受け入れ難いものであった。

一九六五年頃のことであるが、広島市の大田川沿岸一帯に戦後のバラック建築（「原爆スラム」と呼ばれていた。）がたくさん残っていて、その撤去に大きな困難があったことを知っていた私としても、その提案には賛成できなかった。

なお、今回の大震災における仮設住宅入居世帯は、一九九五年一一月に四万六六一七世帯とピークに達し、一九九九年四月一日で三八六一世帯となったが、最後の一世帯が退去されたのは翌年の一月一四日であった。被災者の苦痛もたいへんであったし、行政関係者の努力も並大抵ではなかった。この退去促進にあたって、退去時に生活再建支援金を支給する制度をつくったことが大きなテコとなった。

## (11) 二段階の都市計画

災害後の市街地復興は、再び災害が起きても大きな被害が出ないようにゆとりのある都市計画に従って行う必要がある。全体的な都市計画がなければ、被災者で資金力のある人は独力で元の場所に自らの家や建物を建てることになる。そうなると街全体に虫食い状態が生じてしまう。一方、住民の合意のもとで都市計画を定めようにも、被災直後は関係者の多くが破壊された街から避難しているため、まちづくりを話し合う協議会自体の開催が物理的に不可能なケースが多い。

大震災直後、復興は時間との勝負でもあるから、法律に従って早く都市計画決定をしようとする市側と、拙速に不満を抱く被災者や関係市民との間で、深刻な対立が生じた。そこで、県が提案したのが二段階で都市計画を決定する仕組みである。市が建築基準法に基づいて暫定的に土地利用をいったん制限し、その間に計画を作成して、計画を決定する段階で住民の合意をとりつける。つまり、ひとまず規制の網をかけて、第一段階の基本的な都市計画だけはできるだけ早く決定するのである。それは大まかな計画でよい。実際に建物を建て始めるまでには若干時間の余裕があるのだから、第一段階の都市計画は住民の合意が不十分であっても一応決定する。被災地の混乱がある程度落ち着き、復旧作業が軌道に乗り始めると関係住民が帰ってくるから、その時点で住民全体で詳細な都市計画を十分協議する。そこで、もし第一段階の都市計画を修正しなければならないようであれば、さかのぼって修正して最終的な都市計画決定をしてはどうか。

私は市と協議して、復興都市計画ではこうした二段階の都市計画手法を初めて採用した。そしてこの方式の採用もあって、まちづくり協議会という住民組織が活発に機能することとなった。またその結果、被災地の都市計画は進んだのではないかと思っている。

確かに第一段階の都市計画を決定する時点で反対する住民やその支援者が市役所に押しかけ、会議ができないといったケースもあったが、説明によって理解を得て混乱も何とか収拾することができた。もちろん、完全に住民の理解を得られたとは思わない。行政側の能力不足もあって対応が不十分になり、反省する点もある。これらは今後の検討課題である。

## (12) 既存不適格のマンション

マンションは、区画ごとに所有者が異なる区分所有という形態をとっている。被害の大きいマンションの修理、再建に関連して難しかったことは、住民全員の合意形成を図ることにあった。ただ、現在は区分所有法の改正（二〇〇三年六月一日施行）によって合意形成の条件が緩和されることとなった。それでも、これが高さ制限や容積率、日影条例といったマンションの建築規制と絡むと問題は難しくなる。

また時代の流れとともに住環境や景観に配慮して規制が厳しくなった結果、新たな規制施行前に建築されたマンションにはこの規制に合格しないものが出てくる。既存不適格マンションである。このようなマンションは、建っている間はその違法状態を問われることはないけれども、地震で被害を受けてこれを建て替えるとなると、新しい規制が適用されることになる。すると、たとえば従来は五〇戸が入居していたところが、新しい建物では四〇戸しか入居できないといったケースが出てくる。そこからはみ出た一〇戸はどうするのか。加えて被災によって、資産価値も減るわけだから、改修にせよ立て替えにせよ、住民の間で合意形成など簡単にできるものではない。

阪神・淡路大震災の際には、被災したマンションの修理、再建を巡って長い年月をかけて深刻な問題になった。阪神・淡路大震災では、このことについて総合設計制度を利用して規制をクリアすることとした。建物一つひとつでみれば既存不適格で再建不可能ということになってしまうが、街区全体を見渡して、全体としてそれが新しい規制をクリアするのであれば元のように建ててもよいという制度である。

しかし、これはあくまでも便宜的に、しかも震災という特殊な状況下で規制の裁量をぎりぎりのところまで広げて運用をした、いうなれば妥協の産物である。新しい法体系にのっとったまちづくりという観点に立てば、本当にそれでよいのかという問題は依然として残っている。こうした問題を今後どうしていくのか。新しい制度をつくるとなるとなかなか難しいだろうと思われる。だが、このようなケースは地震でなくとも想定し得るわけだから、早急に対策を考えなければならない。

## (13) 神戸ルミナリエ

大震災の年の春頃だった。神戸・阪神の夜の街は、電灯の灯りもネオンの輝きもなく、真っ黒な闇に沈んでいたのであるが、さる筋から「神戸の街で犠牲者の鎮魂と復興への願いを込めて、年の瀬の夜空を美しく彩る光の芸術―神戸ルミナリエを開催してはどうか」という提案を受けた。ただちに倉持治彦産業復興局長(当時の通産省からの出向職員)に関係者と協議するよう指示をした。

倉持局長は、関係者と精力的に協議をしていたが夏前になって、関係者はこの事業について消極的な意見が多く前に進まない、最終的にどうするかと私の意思を確かめにきた。

「家を失った人々がまだ仮設住宅で生活しているような時期にきらびやかなイベントをすること

への抵抗感は大きく、また、開催には億単位の費用を要する。当然ながら、そんなイベントにお金を使うのであれば被災者に支給したほうがよい」というのが関係者の意見であった。しかし私は、関係者を説得して開催するよう指示した。

私は、神戸ルミナリエが必ず、犠牲者のご遺族、被災者などの悲しさを癒すことになると確信していたからである。実は、阪神・淡路大震災の前年の夏に仮谷志良和歌山県知事から招かれて、和歌山市で開かれた「世界リゾート博覧会」を見学した。ふと私の目に止まったのは、夕方の紀淡海峡をバックに浮かび上がっている幻想的な光のアーチであった。聞けばイタリアの芸術作品だという。そのときこれは日本人に感動を与える素晴らしい作品だと感じた記憶があった。またヨーロッパやアジアの街々でクリスマスを祝って街や大通りを色とりどりのイルミネーションで飾っている光景をみて心動かされたことがあった。ルミナリエはまさにそれを大規模にしたものである。

だから、あの光のアーチが被災地の夜を彩ったら、必ずや多くの人々の感動を呼ぶだろうと思ったわけである。幸い関係者の皆さんの理解を得て震災の年の歳末、鎮魂と希望の灯が神戸の夜に点灯した。以来、震災の年から毎年欠かさず灯り、これまで一四回を数える。

鉄道やバスなどの交通機関、ホテルなどを始め、地元へ大きな経済効果をもたらしてくれた。何より、五〇〇万人近い人々が被災地内外から見学に訪れることは、それなりの感動を人に与えていることの証明だといえよう。開催してよかったのではないかと思う。この開催継続に尽力された太田敏郎神戸商工会議所副会頭（当時）に心からの謝意を表したい。

ただ、私がいま思うのは、今後の神戸ルミナリエの開催時期を、一月一七日を中心とする期間に変えてはどうかということである。一月開催にすれば、神戸ルミナリエの集客力は落ちると予測されるが、震災直後と違って街が復興したいま、一二月は歳末セールとクリスマスで賑わっている。とりわけ鎮魂と復興の願いを込めたルミナリエとしては、大震災の追悼行事の一つとして位置づけるのが自然だと考えられるからである。経費的にもかなり節約できるし、財源負担のあり方とも関連して検討していただきたいと思う。

## (14) メモリアルウォーク

阪神・淡路大震災後、当然のことながら毎年一月一七日を中心に、兵庫県、被災市町ごとに、また多くの自治会、ボランティア団体、個人によって追悼行事が開催されてきた。兵庫県は県下の主な団体とともに実行委員会を組織して、ご遺族や被災者はもちろん皇室、政府、国会、各国大使館などからの参加も得て、犠牲者への追悼と復興への誓いを新たにする式典を開催してきた。

しかし、五年を経過する頃になると、人々の関心が薄れるにつれて社会やマスコミの注目度も低くなってきたし、式典の内容にもマンネリ化が感じられはじめた。そこで私は、その内容をどうするか検討することとした。その結果始めたのが、被災時の救助・救援に向かう関係者やボランティアなどが道路を埋めつくしたことを再現するメモリアルウォークである。大震災六年目の二〇〇一年から、被災地のいくつかの地点からスタートして、正午にＨＡＴ神戸へ集結し、慰霊の式典を行うこととした。オープン参加型で、ボランティアの精神を再認識する未来志向型の式典である。

幸い、この方式が定着し、毎年この日には大勢の参加がある。むろん、初めて参加の人もいる。みんなこぞってこの方式を評価していただいているようである。創造的復興プロジェクトとして完成する山手ふれあいロードを、この日には自動車を締め出してメモリアルウォークの空間とすることができれば、さらに意義が高まるように思える。関係者で企画が進んでいる神戸マラソンの実施とあわせて検討されることを期待したいものである。

## ⒂ ヘルスケアパーク――ひと未来館

後述する二一世紀型シンクタンク構想（「二一世紀型シンクタンク構想」（一七二ページ）参照）と同様に、阪神・淡路復興委員会が神戸の未来に希望をもたせる復興プロジェクトとしてとりあげたのが、「ヘルスケアパーク構想」である。

当初の構想案では、人の命と健康をテーマとして人体の模型を使ったテーマパーク的な施設を整備し、病気のメカニズムを解説したり、健康に対する意識の向上を目的とした研究と展示が想定されていた。私は、そうした施設を神戸に建設することが果たしてよいのかどうかやや疑問があった。そのため、識者による「ヒューマンケア懇話会」を設け、国際日本文化研究センター所長をされた梅原猛氏などに、様々な観点から議論をしていただいた。

私が感じていたことは「健康」を生理学的にとらえるだけでは不十分で、むしろ精神的な充実を考える必要があるという視点であった。つまり「ヘルスケア」ではなく「ヒューマンケア」という考え方をとり入れるべきではないか、との思いである。この考え方は、幸い梅原氏など多くの委員に強く支持された。そこで、私は兵庫県で「ヒューマンケアパーク」を建設するという方針を立てたのである。

ところで神戸では、震災前の一九九〇年代初頭から、ポートアイランドにテーマパークを建設する計画が進められていた。一九九二年には、神戸商工会議所と地元大手企業が出資して「神戸レジャーワールド開発」という事業会社も発足していた。翌年には神戸市も参加した〝マジカル・ジャーニー〟というコンセプトも決まった。だが、バブル崩壊で建設への具体的展望が開けないままの状態で震災を受けた。これで一層、事業継続が困難となっていた。

こうした折りに浮上したのがヒューマンケアパーク構想だった。神戸レジャーワールド構想の後継プロジェクトと位置付けて県を中心に第三セクターを設立し、ヒューマンケアパークを建設することとなった。一九九八年七月には、県と民間企業が五億円ずつ出資する第三セクター「兵庫ヒューマンケア株式会社」が設立され、井戸副知事（現知事）を中心に、人間としての心の癒しも含めた被災地らしいテーマパークの構想の実施計画を固めてもらった（「中内㓛ダイエーCEO」（一四一ページ）参照）。

しかしながら、不況が長期化し、各地のテーマパークの経営が次々と行き詰まる状況で、第三セクターとして果たして採算がとれるのかどうか不安はぬぐえず、模索する時期が続いていた。結局、二〇〇〇年初め、私自身が知事を退任することを考え始めたこともあって、この構想は断念することにした。関係者にはたいへんご迷惑をかけた。

それでも、「ヒューマンケア構想」は、やはり被災地の神戸から「命の尊さと生きることの喜び」について情報発信をするうえで必要なテーマであることに変わりはない。こうした経緯を経て、「ヒューマンケア構想」は、「人と防災未来センター」の「ひと未来館」に引き継ぐこととした。

「人と防災未来センター」の機能については、先に記述（「人と防災未来センター」（一二一ページ参照）したとおりであるが、その展示部門は二つに分かれている。一つは、「防災未来館（二〇〇二年四月開館）」であり、これは被害の実態や被災者の体験を学習する施設である。しかしこれだけでは、厳しく辛い事実を追体験することで終わるので、来館者とりわけ子どもたちには、「命の尊さと生きていることの素晴らしさ」を学習して未来へ向かって明るく進んでもらう施設が必要だと考えられた。この方針のもと、傷ついた心の癒しの場として整備されたのが、もう一つの「ひと未来館（二〇〇三年四月開館）」である。ヒューマンケア構想は、この施設の展示の中で実現することとしたのである。

ひと未来館の企画は私の目にも素晴らしいものだった。しかし残念ながら、企画を担当していたNHKの小出五郎さんが途中で降板されたり、アメリカのスティーブン・スピルバーグ監督に映像製作を依頼する構想が、大阪市に建設されることとなった「ユニバーサル・スタジオ・ジャパン」との競合もあって実現できなかったりといったこともあって、結果的には、「葉っぱのフレディ」を中心とする展示へ変更して地味なものとなってしまった。このこともあってか、現在、県の行政改革が進められる中で休館されていて、再検討の対象になっていることは当時の責任者として遺憾に思っている。

しかし私はいまも「ひと未来館」が、ＨＡＴ神戸のまちづくりにおける中心コンセプトを情報発信する施設として再興されることを期待している。震災の二年後、須磨区における少年の連続殺傷事件が発生した。その後も、親殺し、子殺しなどの異常な殺人事件が後を絶たない。教育の中心テーマも「生きる力」をどう高めるかになってきている。科学技術の進歩や個中心主義による人倫の荒廃のアンチテーゼとして、「命の尊さと生きることの素晴らしさ」を、特に子どもたちに対して情報発信ができれば、誠に意義深いこととなろう。ヒューマンケアの理念を具現化するため、ぜひ検討してほしいと願っている。

## (16) 高速道路の地下化

阪神高速道路三号神戸線は、東日本と西日本を結ぶ重要な幹線の一つであり、神戸都市圏と大阪・京都都市圏を結ぶメインルートである。

この高架高速道路が地震によって倒壊したとき、信じられないことが起こったと驚く一方で、頭上に覆いかぶさっていた高架橋が消えて、晴れやかな気分になったことも事実である。当然のこととして、多くの識者からこの際、高速道路を地下化して復興させるべきだとの提案が出された。私もできればそうしたいと考えてインフラ復興を進める道路関係者に検討を要請したが、まともにとりあげる人はいなかった。被災地の生活と産業復興には道路の復旧・復興が最も急がれる最重要課題であったから、素人の地下化など夢物語のように扱われたのである。

そこで、私は部分的にでもこうした構想が実現できないか、また、いますぐにはできなくても将来の足掛かりになる形の復興を実現できないかと考えた。その結果、公的な方針として決定されたわけではないが、曲線が多く都市景観上も問題のある同線の摩耶ランプから柳原ランプまでの間を、将来に地下化することを想定して、神戸市の震災記念公園や国道二号線の地下部分につながるHAT神戸の東西道路の幅員を大きく広げることにした。新神戸トンネルから神戸空港を結ぶ南北道路とも地下でアクセスすることを含めて、この地下化工事を構想しやすいようにしたのである（「HAT神戸（神戸東部新都心）の整備」のうち一八三ページ参照）。

実は、神戸のシンクタンクである（財）兵庫地域政策研究機構がこうした高速道路の地下化をテーマにフィージビリティー調査[*19]を先年行っている。この調査は、神戸が震災前以上の復興と、「デ

＊19　アーバンデザイン研究会『神戸都心・環境型道路のあり方』（財）兵庫地域政策研究機構、二〇〇八年四月）

ザイン都市・神戸」をはじめとする未来都市づくりを進めている今日、環境・景観・交通など様々な面で支障となることが懸念される神戸都心部における阪神高速道路神戸線について、地下構造の計画案を作成し、一つの構想として提案するものである。神戸市のアーバンデザインにも将来のテーマとして高速道路の地下化が報告書[*20]でとりあげられている。

いま神戸・阪神地域の高速道路計画では、阪神高速道路湾岸線の西伸が喫緊の課題であるから、この地下化プロジェクトはその次のものとなるであろうが、高速道路の地下化は、都市の将来性にとって大きな意味をもっている。真剣な検討が始まることを期待している。

## (17) エンタープライズゾーン（経済特区）

一九八五年のプラザ合意で為替相場の円高誘導がなされたとき、わが国の製造業が立地する太平洋・瀬戸内臨海部の工業地帯は大きな打撃を受けた。続いて一九九〇年代になると、バブル崩壊によるいわゆる〝失われた一〇年〟の時期を迎え、これらの地域では経営の合理化や海外移転が進んで、遊休地が広がった。一方、新規埋立地では立地が進まず不況にあえいでいた。わが国全体としてもこれを解決することが大きな課題であった。

*20 都心とウォーターフロントを考える会『波止場町1番地の将来像』（二〇〇八年一一月）

私は、解決策の一つとして、外国を含め外部のヒト、モノ、カネをこの地域へ誘導することとして、中国の〝経済特区〟やロンドンのドックランドにおける〝エンタープライズゾーン〟のようにゾーン政策をとってはどうかと考え、かねてから県庁のプロジェクトチームで研究させていた。椎名素夫参議院議員が主催されていた「オフショア研究会」とも連携をとって研究を進めた。

震災からの産業復興を進めるにあたって、この構想の実現を中核とするべきだと考え、ただちに神戸市、神戸商工会議所などと協議して、神戸港ポートアイランドと淡路島を候補地として〝エンタープライズゾーン構想〟をまとめた。先導的なこの構想は、政治主導でなければ実現は無理だと考え、関係省庁との協議が煮詰まらない状況のまま、実績づくりやアピール性を考えてマスコミに発表した。幸い、わが国の経済界や在日外国公館からも好意的な反応が多く寄せられた。

倉持治彦産業復興局長や大角晴夫県参与らが実現のために奔走した。倉持氏は通産省からの出向職員でこの制度に明るく、大角氏は東洋紡出身で外国勤務も長く、宇野関経連会長の下でその専務理事を務められていたので、国内外の人的ネットワークも広かった。二人の高い識見に基づく獅子奮迅の活躍ぶりは舌を巻くほどであった。

このような努力もあって、豊田経団連会長、川上関経連会長、もちろん牧神戸商工会議所会頭をはじめ多くの方からこの構想を熱心に支持、支援をしていただいた。しかし政府関係者は、どのような規制を緩和すればどのような企業が立地するのか、被災地が案を提示すればそれを検討してもよい、という官主導型のスタンスを崩すことはなかった。あらかじめ規制緩和したゾーンを設定すれば、関係企業はそれを活用する行動をとるのであって、認められるかどうか不確定なことに本格的な検討を期待することは無理である。個別に政府の認可を必要とする規制緩和は、ゾーン政策とはいえない。

一方、自民党幹部でも、このような〝一国二制度〟を認めるのであれば、本土復帰後も条件不利地域として苦悩している沖縄地域が優先されるべきであって、被災地だとはいえ神戸・淡路にそれを認めることはできないというスタンスであった。

結局、このような理由からエンタープライズゾーン（経済特区）構想は、復興事業として実現しなかった。その後、小泉内閣による構造改革の一つとして〝特区制度〟が実施されることとなったが、これも政府の一件査定の仕組みとなっているので、産業復興の旗手として提唱した経済特区に比べると、産業活力の誘発効果は格段に低いといわざるを得ない。もしも、震災復興において〝エンタープライズゾーン〟が実現していたら、震災後の被災地産業はもとより、わが国の経済構造もいまのものとはかなり違ったものとなっていたのではないかと考えられる。

## (18) 二一世紀型シンクタンク

阪神・淡路大震災の後、政府は「阪神・淡路震災復興委員会」を設置し、緊急対策や復興計画について真剣な議論を重ねた。首相官邸で行われたこの会議には、内閣総理大臣も必ず出席された。

ここでの議論の中心は、災害で破壊されたものをいかに復旧・復興するかということであった。これに対して、私を含めた被災地側委員が主張したのは「創造的復興」である。しかし、「創造」という部分についてはほかの委員にはなかなか理解してもらえなかった。そんな雰囲気の中で、「被災者が将来に向けて希望をもつようなプロジェクトも、いくつかあってもいいのではないか」という考え方から生まれた構想の一つが、シンクタンクの設立であった。

日本では、シンクタンクの社会的機能がそれほど大きく評価されてはいない。たとえばアメリカでは、新しい大統領が誕生するたびにシンクタンクから大量の人材が政府に登用されて、政権運営を担当することになる。大学や研究機関との交流も盛んである。このように人材供給源としてのシンクタンクの役割が非常に大きいのである。

ところが日本では、中央省庁がシンクタンク的な機能を担っていて、民間のシンクタンクの役割は限定的である。例外的な存在は、産業界、労働界、学界、地方公共団体などが出資して設立された東京にある「総合研究開発機構（ＮＩＲＡ）」であろう。有力な委員の一人が、復興事業のシンボル的な事業の一つとして、関西にもＮＩＲＡに匹敵するようなシンクタンクをつくってはどうかという構想を練られ、同年末に私のところへ非公式ながらその意向が示された。ところが、翌年早々に村山内閣が突然、総辞職したことにともなって、シンクタンク設立構想はすっかり頓挫してしまった。だが、私は何とかこれを実現したいと考えて関係者と協議し、ひとまず地元の責任でシンクタンクを発足させることとした。つまり、小さく産んで将来大きく育てようという考え方である。

その結果、一九九七年一二月、兵庫県と神戸市の出捐で「(財)阪神・淡路大震災記念協会」が設立された。県知事認可の財団法人であるが、ローカルなシンクタンクになってはいけないので、せめて理事長には、一九九五年二月まで内閣官房副長官を務めておられた石原信雄氏を迎え、顧問には阪神・淡路復興委員会の下河辺淳委員長をはじめ復興対策に関わってこられたメンバーにお願いして発足した。なお、石原氏は二〇〇二年六月に退任され、兵庫県知事を辞任した私が後任を務めることとなった。

その後、二〇〇六年三月末に「(財)阪神・淡路大震災復興基金」が設置期間を満了する際に、基本財産の一部が出捐者の県に寄付され、これを契機に井戸敏三知事のもとで協会を本格的なシンクタンクに拡大する方針が決定された。同年四月、「(財)21世紀ヒューマンケア研究機構」と統合して新たに発足したのが、現在私が理事長を務めている「(財)ひょうご震災記念21世紀研究機構」である。

今後、この研究機構で震災関連の研究はもとより二一世紀文明をテーマに立派な研究がなされ(表6)、それに基づく政策提言を行うことにより一定の評価を受けるよう運営する責任を感じている。

## (19) HAT神戸

六甲山系山麓から神戸港まで一キロメートルあまりしかない神戸の中心部の山側寄りに、兵庫県

**表6　ひょうご震災記念21世紀研究機構研究テーマ（2008年度）**

| |
|---|
| ・自然災害を始め、社会の様々な不安に対する安全・安心の仕組みづくり方策 |
| ・オーラルヒストリーから得た阪神・淡路大震災の新たな教訓と災害時対応のあり方 |
| ・大災害に備えた我が国危機管理機能のバックアップ体制のあり方 |
| ・ひょうごの安全安心推進戦略　―　マップ手法の活用　― |
| ・公民協働の推進戦略の策定 |
| ・新たな地域金融手法モデルの構築　―　復興から生まれたビジネスモデル　― |
| ・企業連携による技術の地域共有システムの開発 |
| ・多自然居住地域における安全・安心の実現方策 |
| ・被災地における多様な復興住宅政策のあり方　―　コレクティブハウジングの課題と将来像　― |
| ・市民の避難行動を促すための災害時コミュニケーションのあり方 |
| ・震災後における家庭の実態とコミュニティの形成 |
| ・被災地における家族の合意形成とそのフォローアップについて |
| ・ひょうごの子育て体験学習の検証とその普及方策 |
| ・被災地における新しい住まい方を踏まえた認知症ケアシステムの構築 |
| ・淡路多文化共生モデルの構築 |

庁があって「山手」と呼ばれ、海寄りに神戸市役所があって「浜手」とそれぞれ呼ばれ、「山手」と「浜手」の仲がよくないといわれた時期があった。昭和四〇年代から神戸市のいわゆる「神戸市商法」といわれる都市経営が絶頂期にあった頃である。この時期に兵庫県は、神戸市域内の行政は、医療行政や高校教育など一部を除いてそのほと

んどを神戸市政に任せることとして手出しをしなかった。

しかし、大震災によって様相が一変した。神戸市政のパワーが打撃を受けることとなったのである。と同時に、神戸空港問題など県市共通の課題も大きくなってきた頃でもあった。

そこで、神戸市の負担を軽減するため、私は神戸市の中心部にある工場跡地の面的再開発を兵庫県で担当することを考えた。もちろん、そのためには神戸市の了解を得なければならない。私は震災直後で道路が壊れていて自動車が使えない中、徒歩で市役所に行って笹山市長と面談した。趣旨を話すと市長から「お願いします」という返事をもらった。既に神戸市で「ＨＡＴ神戸」という名称をつけて都市計画決定をしてあったが、以降は神戸市と協議しながら兵庫県で面的再開発を担当することとなったのである。

そのまちづくりのコンセプトは、創造的復興の中心的テーマである「命の尊さと生きることの素晴らしさ」を核とするものである。既に方針が決まっていた「ＷＨＯ神戸センター」に加えて、防災、環境、国際交流などの国際機関を誘致して、神戸市の都市機能の一つの柱として、二一世紀における人類社会の安全や安心に貢献する都市機能を立ち上げることにした。

その後のプロジェクトの推進状況は、「復興進む」（一七九ページ）の項を参照していただきたいが、このＨＡＴ神戸の西隣りには、震災一五周年にあたる二〇一〇年、神戸市の震災記念公園が完成することとなっている。神戸市のウォーターフロントの中心に創造的復興の二大プロジェクトが姿をみせることとなろう。

## (20) ミニ国連ゾーン

「人と防災未来センター」が立地しているHAT神戸には、「世界保健機関健康開発総合研究センター（WHO神戸センター）」や、アジア二七ヵ国が参加する「アジア防災センター（ADRC）」、防災科学技術研究所の「地震防災フロンティア研究センター（EDM）」などがある。三木市には世界最大の振動実験台E－ディフェンスをもつ「兵庫耐震工学研究センター」もある。阪神・淡路大震災を契機として、自然災害や健康問題に対するこうした国際的な研究機関、協力機関が兵庫県に集まるようになった。

これは、兵庫県自身がこうした機関を積極的に誘致したことに加えて、外務省が日本の国際貢献の一環として応援されたことが背景にある。平和に対する国際貢献というと軍事的側面に注目が向けられがちであるが、私は日本が難民問題への対応や災害からの復興支援、被害を少なくする災害対策といった分野への貢献に力を注ぐべきだと考えていた。

外務省でもHAT神戸に注目し、ここを日本の外交戦略の拠点の一つにすることを考える人もおられた。その一人である大島賢三JICA副理事長などと兵庫県が連携、協力をして設立されたのが「国際連合人道問題調整事務所（OCHA）神戸」である。さらに二〇〇七年には「国際連合国際防災戦略事務局（UNISDR）兵庫事務所」が開設された。

四川大地震の後、阪神・淡路大震災の被災経験に学ぼうと中国からたくさんの研修団や視察団が

「人と防災未来センター」を訪れていることにもみられるように、国際的な防災対策や災害対策が今後、日本の外交政策の一つの大きな柱になっていくことは間違いないであろう。

私は、四川省にもこうした研究所をつくるべきだと中国の要人に提案している。神戸の各研究機関群は成熟社会の都市で発生した大災害の災害対策の拠点となっているが、四川省では発展途上国の、どちらかといえば山村部で発生した大災害の災害対策拠点として、ともに今後の人類社会に国際貢献するのである。すでに中国でこれに対応した動きが出始めていると聞いている。いずれにせよ、HAT神戸は日本外交における国際貢献の一つの中心地になっていくのではないかと思う。

この地区には現在、三つの国連機関と七つの国際機関が立地していて、わが国では他に類のない〝ミニ国連ゾーン〟ともいうべきユニークな国際交流拠点となっている（「HAT神戸（神戸東部新都心）の整備」（一七九ページ）参照）。

# 第8章　復興進む

本書は、基本的には私の知事在任中の復興にかけた取組みを対象としているので、私の知事辞任後における主要な復興プロジェクトの進捗状況報告を、県や市で担当された五人の皆さんに寄稿していただいた。以下の五編がそれである。

## （1）ＨＡＴ神戸（神戸東部新都心）の整備

(財)ひょうご震災記念21世紀研究機構副理事長　井筒紳一郎
（元兵庫県秘書課参事・審議員）

阪神・淡路大震災からの創造的復興へのシンボルプロジェクトとして、大震災の翌年（一九九六年）六月に神戸市による土地区画整理事業がスタートした。

以来、「ＨＡＴ神戸（Happy Active Town）」の愛称のもとに本格的な整備が進められ、一九九七

**HAT神戸**

年秋から、まず復興住宅への入居が順次始まり、一九九八年三月には街開き式典が行われ、四月に小中学校が開校した。中心地区で最初の業務施設―国際健康開発（ＩＨＤ）センタービルも開業し、「世界保健機関健康開発総合研究センター（ＷＨＯ神戸センター）」が本格的な活動を開始した。

その後、神戸市や住宅・都市整備公団による公的住宅をはじめ、民間開発の住宅整備も着々と進む一方、防災や減災、環境、健康や医療福祉、芸術文化、国際交流など様々な分野における国際的な広がりをもった施設や機関の整備が進められた。

中心市街地の三宮から東へ約二キロメートルの臨海部に位置し、東西二・二キロメートル、南北一キロメートルの約一二〇ヘクタールに及ぶＨＡＴ神戸は、あの大震災から一四年が経過した今日、「命を守りすこやかに生きる」のコンセプトが息づく未来志向の街として、生命・健康・環境などの研究開発や実践・応用、楽しみとにぎわいの交流・体験など、多彩な機能が集積した新しい国際交流拠点ともいえる中心地区をはじめ、安らぎと潤いのあるウォーターフロントを有する快適な住宅エリアなど、阪神・淡路大震災の経験や教訓を生かしながら、安全で安心してともに生きる新しい都市空間を形成している。以下、これまでの歩みを簡単に振り返ってみたい。

**① 都市再生から都市復興へ**

神戸東部新都心地域は、もともと日本の近代化から高度成長をリードした阪神臨海工業地帯の中核地域であったが、産業構造の変化に対応して土地利用の転換を図るため、都市再生による新都心創出プロジェクトとして神戸製鋼所や川崎製鉄所などの跡地約七五ヘクタールを新しい都市空間にしようとしていた。しかし、大震災によりそれまでの計画を変更し、神戸市が事業主体として基盤整備などを進める一方で、兵庫県がその中心地区に新しい都市文明を先導する施設群の整備や誘致に取組むことになった。

新都心の構想づくりは、兵庫県復興本部を中心に（財）21世紀ひょうご創造協会も加わって進められ、暗中模索の夢物語にも似た議論を交わし、調査を重ねる中で、「防災」をはじめ「健康、環境、安全、福祉、文化」に関する課題群の研究開発をコンセプトに「阪神・淡路大震災記念プロジェクト」にふさわしい二一世紀文明を創造する都市空間の創出を目指すという都市像を描いたのである。

## ②　人間サイズのまちづくりへの壮大な発想

兵庫県が担当する中心地区に立地が計画された施設は、

「国際健康開発センター」
「県立新美術館（芸術の館）」
「ＪＩＣＡ国際センター」
「健康福祉総合センター（ボランティア活動支援センター）」
「ヘルスケアパーク」
「音楽ドーム」
「災害医療センター」
「神戸赤十字新病院・血液センター」
「国立神戸防災合同庁舎」

などであった。

このうちその後の状況の変化などの理由により断念した施設もあるが、いまでは、中央の「業務・研究ゾーン」をはじめ、東の「文化・教育ゾーン」、東西に配置された「居住ゾーン」、そして、水際空間の「公園・緑地ゾーン」など、大震災の経験と教訓を生かした〝復興新都心〟を形成している。

こうしたまちづくりにあたっては〝人間サイズの街〟をキーワードに、貝原知事の発案による

〝復興シンボルプロジェクト〟にふさわしい大胆なアイデアが検討された。

まず、道路の地下化である。大震災のちょうど一年前のロサンゼルスのノースリッジ地震で高速道路の崩壊を目の当たりにしたとき、日本では絶対にあり得ないことといわれたにもかかわらず、阪神高速道路東西線が倒壊してしまった。

このため既存の阪神高速道路をそのまま半地下・地下化して再建することは困難だが、新しい街なら可能性があるのではないかと考えられた。具体的には、東部新都心を貫く東西もしくは、その南側の道路を地下化する。もちろん、各施設群の駐車場もすべて地下化し、道路と駐車場を地下通路で結ぶ案である。

すなわちこれによって地上では自動車は一切走らず、人のみが行き交う人間中心の快適空間を創出しようというものだったが、地下化に伴いそれぞれの施設に膨大な事業費がかかるとともに、海際の立地条件から地下利用が物理的に難しいなどの問題が立ちはだかった。

そこで道路の地下化が不可能なら、次に車道と立体的に分離された歩行者路（ペデストリアンデッキ）を建物の二階レベルに整備してはどうかとのアイデアが出された。アイデアのきっかけは、幅員四〇メートルの東西幹線を渡る歩道橋をつくる計画だったが、これまでの車優先の常識を覆した人間優先のシンボリックな発想だった。

さらに、ＪＲ灘駅から県立美術館まで約一キロメートルを結ぶ手段として、動く歩道（ムービングウォーク）を整備するアイデアもあった。これは北と南の勾配が大きく美術館の屋上の高さにつながることになって、その安全性や人家を見下ろすことによるプライバシーなどの課題もあり、代替案としてモノレールとロープウェイを合体したスカイレールなども検討された。

しかしながら、これらはいずれも事業費をはじめ施工上の様々な課題のため実現できなかった。もっとも、この構想を受け継いでＪＲ灘駅、阪神岩屋駅から国道を渡って、県立美術館に通じる歩道橋が美術館の二階レベルにつながり段差や信号のないフラットなアクセスが実現しているほか、美術館の地下駐車場は、将来的に想定される地下通路に接続できるようになっていて、将来的な可能性への布石だけは打たれている。

また、阪神電車の岩屋と春日野道の両駅が大規模改修され、ゆとりのあるホームに生まれ変わり、ＨＡＴ神戸と三宮を結ぶ市バスや私鉄バスも運行され、利便性が確保された都市機能は一段と整備されつつある。

### ③　スミソニアン型施設群の形成

神戸東部新都心の中心地区に整備される施設群の整備や誘致にあたっては、アメリカの首都ワシントンＤＣにある博物館群—スミソニアンをモデルとして、防災をはじめ、健康や環境、国際協力、文化などの研究施設や機関がそれぞれ独立した機能を果たしながら、調査研究や事業活動の分野で緊密な連携を図り、全体として一つの国際的な複合拠点に高めていきたいとの願いがあった。

スミソニアンは、全部で一八の博物館や美術館、国立動物園からなる世界最大の博物館群であり、それらの管理・運営を行っているのがスミソニアン協会である。一九世紀中頃に英国人科学者の寄付によって設立されたが、美術・博物館の展示にとどまらず、研究機関としても名高く、公共教育やサービスのほか、芸術・科学・歴史分野での奨学金制度など様々な活動を行っている。

神戸東部新都心では、一九九八年四月に、仮事務所で開所していた「WHO神戸センター」が、中心地区の第一号オープンとなった国際健康開発センタービルで本格的な活動を開始し、「(財)兵庫県国際交流協会」も同所に移転し、情報センターとなる「ひょうご国際プラザ」も開設された。

その後、「アジア防災センター（ADRC)」や「アジア太平洋地球変動研究ネットワーク（APN)センター」「国際連合地域開発センター（UNCRD）防災計画兵庫事務所」などの誘致機関の開設が予定されていた。

こうしたことを背景にしながら、阪神・淡路復興委員会からの阪神・淡路大震災記念プロジェクトの提言を受けて設立された「(財）阪神・淡路大震災記念協会」では、その活動を充実していくため、スミソニアン型施設群の形成を目指して、防災や環境、健康・福祉、芸術文化、国際貢献や国際交流など各般の分野で国際的な広がりをもった諸施設や諸機関をコーディネートする「アジア・太平洋交流コンプレックス機構」を設立して、神戸東部新都心をアジア・太平洋の一大交流拠点へ発展させていこうという構想も検討された。この壮大な構想は実現に至っていないが、阪神・淡路大震災の経験と教訓を後世に継承する施設として、「人と防災未来センター（DRI)」がオープンし「防災未来館」の運営とともに実践的な防災研究や防災を担う人材の育成などに取組む中で、次に述べる「国際防災・人道支援協議会（ＤＲＡ）」の設立にもつながっており、この構想が生かされているといえよう。

### ④　国際防災・人道支援協議会（ＤＲＡ）の発足

二〇〇二年四月二一日の「人と防災未来センター」の開設記念式典から二日後の二三日、同センターの河田惠昭センター長の呼びかけで、神戸東部新都心に開設されている「アジア防災センター（ＡＤＲＣ）」「国際協力機構（ＪＩＣＡ）兵庫国際センター」「国際連合人道問題調整事務所（ＯＣＨＡ）神戸」「国際連合地域開発センター（ＵＮＣＲＤ）防災計画兵庫事務所」に加えて、翌年に完成する「ひと未来館」に入る「地震防災フロンティア研究センター（ＥＤＭ）」の六機関が集まり相互の連携協力を目指す「国際防災・人道支援協議会（ＤＲＡ）」を同年一〇月に設立すべく協議を始めた。

そのねらいは、世界各地で大規模な自然災害や人為的な災害が多発し、しかも、それらの災害が環境や経済、文化などの様々な要因が関係して、ますます多様化・複雑化の様相を呈している状況において、防災や人道支援をはじめ、保健、医療、環境など災害にかかわる国際的機関の集積が進む神戸東部新都心の国際的な諸施設や諸機関が有機的な連携を図り、国際的な防災・人道支援活動に関する取組みを協働して推進する中で、それぞれの機関がその機能をより効果的に発揮し、国際社会に積極的な貢献をしようとすることにある。

**表7　国際防災・人道支援協議会の参加機関**

- 阪神・淡路大震災記念人と防災未来センター
- 国際連合地域開発センター防災計画兵庫事務所
- アジア太平洋地球変動研究ネットワークセンター
- 世界保健機関健康開発総合研究センター
- 兵庫県災害医療センター
- 地震防災フロンティア研究センター
- 国際協力機構兵庫国際センター
- 兵庫県こころのケアセンター
- 地球環境戦略研究機関関西研究センター
- アジア防災センター
- 国際エメックスセンター
- 国際連合人道問題調整事務所神戸
- 日本赤十字社兵庫県支部
- 兵庫耐震工学研究センター
- 国際防災復興協力機構
- ひょうご震災記念21世紀研究機構
- 神戸海洋気象台
- 国際連合国際防災戦略兵庫事務所

ＤＲＡは二〇〇二年一月に発足し、現在、参加機関は一八を数え、（財）ひょうご震災記念21世紀研究機構の貝原俊民理事長が会長を務めている（表7）。

ＤＲＡは、アジア各国や国連機関などが多数参加した「アジア防災会議二〇〇八」に参画して第一回の「国際防災・人道支援シンポジウム」を開催し、以後も毎年継続して開催しているほか、メンバーによるワークショップにより相互の意見交換や情報の共有を図っている。

ＤＲＡの活動は、阪神・淡路大震災から一〇年になる二〇〇五年一月に神戸で開催された「国連防災世界会議」などを通じ広く国内外に知られるようになり、今後は国際的な防災・減災対策に対する貢献が期待されている。

ある意味では、国際防災・人道支援協議会が「アジア太平洋交流コンプレックス」であり、スミソニアンでもあり、「(財)ひょうご震災記念21世紀研究機構」が全体のコーディネートの役割を担うスミソニアン協会ともいえるのではないだろうか。

## (2) 世界的なバイオクラスターへの挑戦 ― 神戸医療産業都市構想の現況

神戸市企画調整局企画調整部長　三木　孝

### ① 次世代スーパーコンピュータの誘致決定

二〇〇八年三月二八日早朝、メディコンバレー訪問のため宿泊していたデンマークのコペンハーゲン市内のホテルで、パソコンを開いていると机の上の携帯電話が鳴った。

「今朝NHKテレビのニュースで次世代スーパーコンピュータの建設地が仙台に決まったとのニュースが流れましたが、どうもそれが誤報ではないか、との話が流れているのですが、何かそちらへは連絡がありませんか」日本の新聞記者からの電話だった。心臓が止まるほど驚いて、すぐに市役所に確認の電話を入れたが、向こうも大混乱しているようだった。

結局、一時間後に「神戸に正式決定した」との連絡を受けた。

神戸医療産業都市構想

ここに国の「第三期科学技術基本計画」における最大の国家基幹技術である理化学研究所の次世代スーパーコンピュータの建設地は神戸に正式決定した。

二〇〇六年七月に理化学研究所からの連絡により神戸市が正式に立候補したが、当初、有力といわれていた横浜市や福岡市など全国で一五都市が名乗りをあげていた。理化学研究所が設置した外部有識者による立地検討部会（部会長、黒川清内閣府顧問）による半年間の客観的・科学的な総合評価の結果、神戸のポートアイランド第Ⅱ期に決定したわけである。

SPring-8の誘致経験のある兵庫県と神戸市が、立候補当初からがっちりとタッグを組み、神戸商工会議所、神戸大学、さらには兵庫県立大学の熊谷信昭学長と先端医療振興財団の井村裕夫理事長という兵庫・神戸の産学官のオールスターチームで積極的な誘致活動を展開した結果、二〇〇六年一二月の一次評価では最高点を獲得し、年が明けてからの二次評価でも、知恵を絞った誘致方策と熱意が評価され、猛追する仙台・東北大学キャンパス案を退けた。

この瞬間、神戸市民の夢を背負い最後の震災復興プロジェクトとして進められてきた神戸医療産業都市構想が、世界的なバイオクラスターとして発展を目指すスタート台に立ったのである。

**② 神戸健康科学（ライフサイエンス）振興ビジョン**

二〇〇七年三月二七日には、二〇〇五年八月から一年半をかけて関西、あるいは全国の医学やバイオ研究者や国の関係省庁の参画により「神戸健康科学（ライフサイエンス）振興会議」でご議論いただいた「神戸健康科学（ライフサイエンス）振興ビジョン」の研究報告がまとまり、会議の座長の井村裕夫理事長から神戸市長へ手渡された。

このビジョンには、いままでの構想の取組みを客観的な経済効果の推計によって評価するとともに、今後、神戸のポートアイランドでの研究開発の成果を神戸市民や神戸クラスターに進出する企業の手によって実用化や産業化するための仕組みを「メディカルイノベーション」と表現し、そのために新中央市民病院だけでなく、移植再生医療などの高度専門医療機関を民間主体で整備する「メディカルクラスターの形成」や、市民や地域の企業の参画により市民の科学的な健康づくりを支援する「健康を楽しむまちづくり」など今後の構想の推進方策が盛り込まれている。

また、野村総合研究所に委託して二〇〇六年の夏から進出企業や研究機関にアンケート調査を実施し、市内への経済効果を推計するとともにクラスターとしての強みと弱みを分析した。

この結果によると二〇〇六年三月末に七五社が進出・操業している時点での市内への経済効果は直接効果・間接効果を合わせ約四〇九億円、神戸市への税収は約一二〜一三億円と推計された。特に中核機関や市内の医療関連企業の寄与が大きかった。神戸の強みは「交通アクセス」や「情報の入手しやすさ」「人的ネットワーク」で、弱みは「食事や買い物の場がない」「資金が集まりにくい」「周辺のアメニティ環境」との指摘を受けた。

その時点での常勤雇用者の約三分の一が博士号の取得者や医師であり、知の集積とネットワークが形成されつつある、と調査にあたっての学識経験者の意見もあった。

さらには、二〇〇七年四月にポートアイランド旧北埠頭の再開発地に開設された神戸学院大学や兵庫医療大学などの「教育エリア」、新中央市民病院を中心とする「医療エリア」、同Ⅱ期を中心とする「研究開発エリア」として都市環境の整備を行なうポートアイランド全体のグランドデザインが提案されたほか、京都や大阪のバイオ構想とも連携して「知のバイオトライアングル」を構築し、関西全体で世界的なバイオクラスターとしての発展を目指すことが今後の目標として掲げられた。

### ③「メディカルクラスター」構想の推進

二〇一一年春に先端医療センターの隣に新中央市民病院が移転する予定であるが、同病院の周辺に、市内外の民間医療機関や大学病院を誘致することにより高度専門病院群を整備し、国内のみならず海外からの患者も視野に入れて高度医療サービスの提供を目指す「メディカルクラスター構想」が「神戸健康科学（ライフサイエンス）振興ビジョン」の中で提案された。

現在、高度専門病院の一つとして田中紘一先端医療センター長（元京都大学病院長）が提案された生体肝移植を中心に国際的な高度医療の提供や人材育成、研究を行なう「神戸国際フロンティアメディカルセンター構想」が神戸商工会議所を中心とする民間企業や神戸市、兵庫県の支援により推進されている。

二〇〇八年一月には、経済産業省の依頼により、甘利明経済産業大臣のＵＡＥ訪問に田中センター長が同行され、ムハンマド・アブダビ皇太子と面会した際に、アブダビ側から田中センター長に医師教育など医療交流と構想への支援の申し出があった。同年六月には井戸兵庫県知事もアブダビ訪問され、アブダビ保健庁と医療交流の話し合いがされた。

田中センター長の構想では、「生体肝移植や内視鏡、腹腔鏡治療など日本発の高度専門医療サービスの国際展開を図ると同時に、医療機器の開発や医師などの研修システムの整備による移植医療・再生医療の世界拠点の整備を目指す」としており、アラブ諸国をはじめとしてシンガポールやインドネシア、中国などの拠点病院との連携を進めようとしている。

### ④　世界的なバイオクラスターを目指して

メディコンバレーは、一九九七年にデンマークのコペンハーゲン市とスウェーデン南部のスコーネ地方のライフサイエンス分野などの研究開発を一体的に推進する目的で一四大学の連合組織として発足したものである。

企業誘致と地域開発を行なうプロジェクトとしてEUが支援したこともあり、現在では進出企業数もベンチャーを含めると四〇〇社を超え、規模的にはヨーロッパ最大のバイオクラスターとして発展している。

二〇〇七年三月に訪問した目的は、メディコンバレーとの〝大使交換〟（ライフサイエンス分野に精通するスタッフを相互に派遣し、共同研究や技術移転、新事業創出・製品開発、資金供給などに関する協力に向けた人的ネットワークの構築や戦略の立案を目指すプログラム）を中心とする覚書の締結交渉であったが、訪問初日の会議で次世代スーパーコンピュータの神戸誘致決定のニュースをメディコンバレーの事務局関係者や訪問先のライフサイエンス研究者に伝えると、彼らは一様に驚き、たいへんな関心をもった。この誘致成功によって、今後神戸の構想が世界的なバイオクラスターへと発展する、との確信をもった。

二〇〇七年一〇月、井村理事長が、メディコンバレー一〇周年記念式典に出席するために訪問された際に同行し、ルンド大学やノボ・ノルディスク社の研究所を訪れた。

北欧では、国や市が協力して住民の生活習慣や疾患データの集積とそれを活用した疾患研究が進んでいる。こうした研究においては、特に生活習慣病の分野では長期間、かつ大規模なコホート研究が疾患原因となる遺伝子などの解明の鍵になるが、訪問先の研究者に神戸に世界最速のスーパーコンピュータが整備されるとの話をすると一様にたいへんな興味をもって聞いてくれた。

さらに、二〇〇八年二月にフランスのリヨン、ストラスブルク、トゥールーズの三地域の連携による「ライフサイエンス・コリドール」の代表団が先端医療センターを訪問し、井村理事長らの署名により関西バイオ推進会議との間で協力構築に関する覚書が締結された。矢田市長も同年一一月にストラスブルクを訪問しており、国際的なバイオクラスター交流は、今後もますます発展する見込みだ。

二〇〇八年一〇月三一日に神戸医療産業都市構想一〇周年の記念式典が開催された。その中で、井村理事長からこれまでの構想の成果を総括され、今後の進むべき方向が示されたほか、構想の各分野の研究者や企業の成果も報告された。メディコンバレーとフランスの提携クラスターの代表者からのスピーチ、さらには田中センター長や西川伸一先端医療センター研究所長などから今後の将来ビジョンが発表された。

同年一一月には、世界的な医薬品企業のベーリンガーインゲルハイム社が研究開発施設を完成させ、本格稼働が始まった。さらに二〇〇九年三月には、国内有数の製薬企業である第一三共製薬の子会社であるアズヒオ・ファーマの研究所開設も発表された。震災から一五年、構想が始まってから一二年目を迎え、神戸市民の復興の夢を乗せ、いよいよ神戸医療産業都市構想の世界的なバイオクラスターへの挑戦が始まっている。

## (3) 震災復興のシンボル ── 兵庫県立芸術文化センター

兵庫県立芸術文化センター相談役　西　野　正　矩
(元兵庫県立芸術文化センター副館長)

### ① パブリックシアターとして再スタート

兵庫県立芸術文化センターは、阪神・淡路大震災からの復興シンボルプロジェクトとして震災から一〇年の二〇〇五年一〇月に開館した。

同センターは、一九八八年に兵庫県で開催された「第三回国民文化祭」の記念事業として劇場建設が提起され、一九八九年に基本構想を策定、阪神・淡路大震災を超え一七年の歳月を経て整備された。

都市直下型の地震として甚大な被害をもたらした阪神・淡路大震災は、復旧・復興を優先するため着手中の県のいくつかの施策事業を中断に追いやった。芸術文化センターもその一つであった。

被災地をあげて創造的復興に取組む中、被災者の震災から立ち上がる意欲を励まし、勇気づける上で大きな役割を果たしたのは芸術文化の力、とりわけ人が人に直接喜びや感動を伝える舞台芸術

兵庫県立芸術文化センター

の力であった。当時、芸術監督であった劇作家の山崎正和氏は「いま、兵庫県でおにぎりか文化かといった二者択一は間違いであり、ともに必要である」と訴えられた。

　こうした文化復興にかけた言葉に支えられ、一九九七年度、芸術文化センターは再スタートした。そして二〇〇〇年度に「自ら創造し、県民とともに創造するパブリックシアター」を基本理念とする「芸術文化センター構想」が新たに策定された。

　この構想には、舞台芸術の創造と交流を通じて国内外に創造的復興をアピールする、次代を担う子供から大人まで幅広い県民の文化創造活動（鑑賞・創作・発表）を広める、地域のまちづくり・賑わいづくりに貢献する、という強い思いが込められた。

一九八九年度の芸術文化センター事業の着手以来、一貫したソフト重視の観点から、山崎芸術監督の指導による数々のソフト先行事業を継続する一方、ハード面は、再スタートにあたって大幅な見直しを行った。建設費は当初計画から約半減の二〇〇億円に圧縮したが、大・中・小ホールを中心とする基本的機能は維持し、使い勝手の良い舞台設備、国内有数の音響設備を備えた最高水準の舞台芸術専用劇場として整備した。

また、舞台芸術の創造に不可欠な芸術創造団体として、同センター専属の「兵庫芸術文化センター管弦楽団」も開館にあわせて創設された。メンバーは一三ヵ国から四八人集まった。文化復興にかける平均年齢二七歳という兵庫らしいフレッシュで、半数が外国人というインターナショナルな楽団の誕生であった。

### ② 多彩な舞台芸術公演で新たなファンを開拓

二〇〇五年一〇月二二日、こけら落としを迎えた。これまでの例ではグランドオペラなどが華々しく上演されるのが常であったが、同センターでは、兵庫らしく華美を排し、センター管弦楽団によるベートーヴェンの「第九交響曲」（連続五公演）で幕を開けた。満場の観客からは万雷の拍手が鳴りやまず、震災の悲しい体験と重ねあわせて涙ぐむ方もおられるなど、客席と舞台が一体となり復興の過程をともに立ち上がった喜びを共有した記念すべき公演となった。

ソフト面の核となる佐渡裕芸術監督プロデュースによるオペラは、「蝶々夫人」「魔笛」のそれぞれ連続八回公演で、二〇〇八年度は「メリー・ウィドウ」の一二回公演と業界の常識を覆し、「芸術文化立県ひょうご」を国内外にアピールするとともに、新たなファンを開拓した。

また、五〇〇円で気軽に音楽が楽しめる「ワンコイン・コンサート」、中学一年生全員（五万人）をセンターに招き、最高の環境でオーケストラ演奏を体験させる「わくわくオーケストラ教室」、県内各地に出かけ音楽を届ける「アウトリーチ活動」など専属の楽団を抱える利点を生かした数々の普及事業にも意欲的に取組み、幅広い層の共感・支持を獲得してきた。

とりわけ、「わくわくオーケストラ教室」はこれからの兵庫を支える中学生の感性と想像力、創造力を磨き、心豊かな兵庫の人的基盤を形成していく上で大きな力になっていくに違いない。

また、「メトロポリタンオペラ」や、「パリ国立オペラ」の初来日公演、「ウィーン・フィルハーモニー管弦楽団」「ボリショイバレエ」など世界のトップクラスの公演を実現し、世界に通じる劇場としての存在感とステータスを確立することができた。

当初、大阪を中心に類似ホールが数多く存在することから、観客確保の面で心配する声もあったが、延べ一二〇〇回を超える多彩で豊富な自主公演メニューに加え、六万人規模のチケット先行予約会員制度などの戦略的な広報営業活動、そして西宮北口駅から公共デッキで直結している利便性と相まって、チケット完売公演が続いて人気を獲得していった。そして、開館三年一ヵ月という異例のスピードで公演入場者一五〇万人を達成した。公演当日は駅からセンターに向けて人の波が押し寄せるような景観が予想をはるかに上回る盛況ぶりを物語っている。

観客は七〇パーセント以上が兵庫県内で、とりわけ西宮市をはじめとする阪神地域が四八パーセントを占めている。近隣のシンフォニーホールやフェスティバルホール、びわ湖ホール、京都コンサートホールが芸術文化センターの影響をそれほど感じてないといわれているように大阪、京都の客を奪うことなく、神戸・阪神地域の潜在ニーズに火をつけ、新しいファンを掘り起こしていることになる。

このことは芸術文化センターの開館を機に鑑賞活動に親しむようになった人々が多数いることを証明するとともに、阪神地域に住む人々の文化度の高さ、都市として成熟した地域であることを裏づける結果となっている。

### ③ 地域に密着した劇場の誕生

芸術文化センターと地域との結びつきは、佐渡芸術監督はじめ関係者が開館前から重視して、「地域と一緒に育つ劇場」として、積極的に地域の学校や商店街に出かけ、連携を深めてきた。

そして、開館を機にセンターを核とした地域全体の振興発展と活性化を目的に、地元商店街と商業施設が中心となった「西北活性化協議会」が設立された。公演にあわせて様々なイベントを実施するなど地域の賑わいを創出することに務めた。これは、クラシック・演劇の大型専用劇場としては全国でも珍しい地域密着型劇場として、まさにパブリックシアターの誕生といえる。

## ④ 大きな波及効果をもたらす

かつて芸術文化センターの構想当時は、西宮北口南側一帯は県営住宅と西宮球場が主要な施設群であったが、芸術文化センターの工事着工と前後して、再開発ビル、大規模スポーツクラブ、高層マンション、大学、大規模ショッピングセンターなどが相次いで計画・整備されて従来の街の様相とイメージは一変した。同センターの誕生は、こうした西宮北口全体のまちづくり・賑わいづくりのリーディングプロジェクトとして大きな役割を果たした。

同センターの活動は、地域経済にも大きな波及効果をもたらしている。建設段階から開館後二年間を対象に民間の調査会社がセンターの整備・運営に関して、経済波及効果を調査した結果では、県の経済効果（生産誘発額）は四三七億円、全国ベースでは七六九億円と、県内外に大きな経済波及効果を生んでいる。

また公演入場者へのアンケート調査では、来館時に飲食やグッズ購入などの消費活動を行ったり（六〇パーセント）、センターでの鑑賞を機に鑑賞回数の増加、レッスンの受講や楽器・CD・DVD購入など文化関連支出が増えた（九〇パーセント）といった回答が多くあり、これらも含めたセンター運営に伴う毎年の継続的波及効果額は約六三億円（全国一一八億円）が見込まれている。

このように新たな個人消費が誘発され、地元の商業に活力を与えているほか、地域のイメージアップや定住人口の増加、地域全体の魅力向上とそれに伴う社会的・経済的効果も期待できるとされており、建設費二〇〇億円を大きく上回る効果を生み出している。

これらの状況について、日経新聞（二〇〇九年六月一三日朝刊）は、「阪急電鉄の西宮北口駅（兵庫県西宮市）周辺が大きく変化している。オペラ開催などで大阪・京都からも観客を集めている兵庫県立芸術文化センターに続いて、昨年一一月に西日本最大級のショッピングセンター『阪急西宮ガーデンズ』、今年四月には甲南大が進出。西宮北口が、二〇〇八年四月に中核市となった西宮市の『顔』になりつつある」として、西宮市が芸術文化センターが開業した四年前に比べ人口が増加し、西宮北口が「にしきた」として、大阪からも集客できる街に成長していることを大きく報道している。

貝原俊民前知事がイギリスのバーミンガムを例に提唱された「文化創造都市」、西宮をはじめとする阪神地域が芸術文化センターを核としてわが国を代表するそのモデル都市となり、県民による文化創造活動が着実に広がっていくだろう。

## （4）世界最先端技術基盤の集積――ギガ、ナノからペタ、フェムトへ

兵庫県公営企業管理者　岡田泰介
（元兵庫県産業労働部産業政策局長）

兵庫県内の世界最先端の科学技術は、「大型放射光施設SPring-8」の八ギガ（ギガ＝一〇億）電

世界最先端技術基盤の集積（SPring-8）

子ボルトの放射光でナノ（ナノ＝一〇億分の一）スケールの世界をみるという状況から、次世代スーパーコンピュータの一秒間に一〇ペタ（ペタ＝一〇〇〇兆）回の計算機能を活用して自由電子レーザーの光でフェムト（フェムト＝一〇〇〇兆分の一）秒の世界をみるという状況に進化しつつある。

### ① SPring-8の誘致と兵庫県ビームラインの整備

SPring-8は、二一世紀の科学技術を担う魔法の光として、材料科学、生命科学、医療など幅広い分野での成果が期待され、関西学術研究都市をはじめ三重や宮城、岩手と大誘致合戦を行った末、西播磨テクノポリスの中核「播磨科学公園都市」に建設された。

播磨科学公園都市の極めて強固な岩盤が立

地場所選定の決め手となり、箱根の山を越えたことのない研究者が、建設の中心となる加速器グループを先陣に続々と西播磨に集結した。

大型放射光施設は、当初、六〇億電子ボルトの計画であったが、競争相手のヨーロッパ、アメリカの性能を上回るよう八〇億電子ボルトに変更され、世界最高性能の光が可能となった。

一九九一年一一月に着工、一九九五年一月には阪神・淡路大震災による震度四の揺れもあったが、幸い被害はなく計画より二年も早く一九九七年一〇月に供用開始され、すでに一〇年以上に渡って利用されている。

光のとり出し口であるビームラインは六二本が設置可能である。本体の稼働後、なかなかその整備が進まなかったが、現在では、直近に稼働を開始したトヨタグループのビームラインを含め五〇本が稼働し、東京大学を含め四本が設置承認されている。

大型放射光施設の愛称は、公募によってSPring-8と命名されたものである。和歌山カレー事件のヒ素分析などの報道を通じてこの愛称は全国的に認知され、読み名も「スプリングエイト」で定着している。

設置主体は、当初、理化学研究所と日本原子力研究所の共同であったが、二〇〇五年一〇月以降、理化学研究所の単独運営となっている。理化学研究所は放射光研究を行うため、SPring-8の供用開始にあわせて播磨研究所を開設した。また二〇〇五年には、新しい光源をつくり、新しい使い方を開発するために同研究所内に放射光科学総合研究センターを設置している。

先端研究装置を産業利用したり、研究成果を産業の発展に活かすことは大きな命題である。SPring-8でも最近では、全ビームタイムの二割が産業利用になっている。しかし、建設段階では産業利用に大きな期待をかけることは困難な状況にあった。一四〇ヘクタールの敷地を現物出資した兵庫県としても真剣に産業利用の可能性を研究していた。

その矢先に、阪神・淡路大震災が起こり、震災復興のシンボルプロジェクトとして産業利用および県民の期待の大きい医学利用のための兵庫県ビームラインを設置することとした。このコンセプトは

ア　SPring-8でしか発生できない真空封止型アンジュレータによる最先端の光（マイクロビーム）を産業界に提供する

イ　姫路工業大学理学部（当時）にX線光学講座を新設し、ビームライン運用のキーマンとして産業界のニーズを理解できる人材を招聘する

ウ　運営費として基本的な部分（全体の二分の一程度）は県で負担し、残りは共同研究費などで外部資金を導入する。

である。これによって産業界のニーズに常にマッチさせることとした。

一九九六年一二月、そのキーマンとしてＮＥＣ基礎研究所の主席研究員を迎え建設に着手、一九九八年四月にファーストビームを発生させた。このビームライン（ＮＯ24）により産業利用の成果

をあげつつ、二〇〇四年に地域結集型共同研究事業に採択されたのを機に、産業界の幅広いニーズに応えるため、当初の構想にあった二本目のビームライン（NO８）建設に着手、二〇〇五年に運用開始した。さらに、この二本の兵庫県ビームラインとの共同研究を行う場として二〇〇八年に「兵庫県放射光ナノテク研究所」を開設した。兵庫県ビームラインは産業利用のパイオニア的役割を果たしている。

SPring-8の産業利用は、兵庫県の開発担当者がトヨタ自動車本社の技術統括者にビームライン設置を働きかけた際に、その方が、「ブレイクスルーするためにはSPring-8での分析が不可欠」といわれた言葉が象徴しているといえよう。

**②　震災の教訓を踏まえた研究機能の集積**

阪神・淡路大震災からの一日も早い震災復興が被災地にとっての最重要課題となるとともに、震災の教訓を踏まえて大都市がもつ脆弱性を克服する対策に取組むこととなった。その一つとして、神戸周辺に世界的な研究機能の集積に務めることとなった。

ア　「実大三次元震動破壊実験施設（E-ディフェンス）」および「地震防災フロンティア研究センター」

阪神・淡路大震災で防災に関する科学技術開発の重要性が強く指摘された。兵庫県は、筑波学園都市にある防災科学技術研究所の関西支所の開設を国に要望した。国はこれを受けて木造家屋、ビル、橋、道路など多くの構造物が被害を受けたことに鑑み、構造物の破壊過程を調査することによってそれらの耐震性を強化することが重要であるとの認識のもと、三木市の震災記念公園内に「実大三次元震動破壊実験施設」を建設することとした。

これは家屋や中層のビル、橋梁など重量一二〇〇トンの構造物を実際に製作して震動台に乗せ、前後、左右、上下、とあらゆる方向に揺らし、阪神・淡路大震災の地震波やそれ以上の地震波を油圧制御によって再現するものである。既存構造物の耐震補強や新しい耐震工法の開発などのため、実際に破壊される過程を詳細に観察、検証して、計算では解明できない事象を解明する実験を行うもので、世界ではここにしかない装置である。

二〇〇五年一月から稼働を始め、毎年一〇回程度の振動実験が行われている。今後、さらに神戸に建設される次世代スーパーコンピュータによる耐震性のシミュレーションと連携をとることによってさらに耐震工学の向上が期待できるものと考えられる。

また、兵庫県は、この実大三次元震動破壊実験施設の建設計画にあわせ、地震災害の軽減に関するソフト研究の取組みを国に要望し、大震災から三年目の一九九八年一月、三木山森林公園内の山の研修館を改造し、「理化学研究所地震防災フロンティア研究センター（ＥＤＭ－ＲＩＫＥＮ）」を開設した。

当初は、理化学研究所のフロンティア研究システムとしてスタートし、二〇〇一年四月、防災科学技術研究所の独立行政法人化にあわせ、「防災科学研究所地震防災フロンティア研究センター」として再発足し、二〇〇三年四月、人と防災未来センターひと未来館の開館にあわせ同施設内に移転した。

同センターは任期制の研究員によるプロジェクト型の研究システムを採用し、現在は「医療システムの防災力の向上」「情報技術を活用した震災対応危機管理技術」そして「災害軽減科学技術の国際展開」を三本の柱として研究が進められている。

イ　理化学研究所神戸研究所（発生・再生科学総合研究所および分子イメージング科学研究センター）

阪神・淡路大震災によって県内GDPの四分の一相当額が一瞬にして喪失し、産業復興が最重要課題となった。その復興対策の一つとして、一定のエリアをゾーニングし、規制緩和や税財政の優遇措置を講じて新事業の創出や企業誘致を図る「エンタープライズゾーン構想」を提案していた。しかしこの構想は実を結ばなかったが後の構造改革特区につながり、この中で神戸医療産業都市構想も指定された。神戸医療産業都市構想そのものは、一九九八年一〇月から神戸市が産業復興の核として進めてきたものである。

この医療産業都市構想の一環として、理化学研究所は二〇〇二年四月に「発生・再生科学総合研究センター」を擁する神戸研究所を発足させた。このセンターは、高齢化社会に対応するため、動物における発生・再生システムの研究や細胞治療・組織再生などの基礎的モデル的研究など世界的な研究を進めるもので、最先端のヒトＥＳ細胞をはじめとする幹細胞利用技術の開発も行っている。

また、二〇〇五年七月、ＰＥＴを中心としたイメージング技術を活用した創薬候補物質探索拠点として「分子イメージング研究プログラム」をセンターの近接地にスタートさせ、二〇〇七年四月には神戸研究所に統合した。

**③　国家基幹技術の集積**

国は「第三期科学技術基本計画」に基づく分野別推進戦略（いずれも二〇〇六年三月二八日策定）において、「国の持続的発展の基盤であって長期的な国家戦略をもって取組むべき重要な技術」つまり国家基幹技術として、次世代スーパーコンピュータ、Ｘ線自由電子レーザー、海洋地球観測探査システム、高速増殖炉サイクル技術、宇宙輸送システムの五つを定めている。

このうち、設置箇所選定に制約の少ない「Ｘ線自由電子レーザー」と「次世代スーパーコンピュータ」がいずれも兵庫県内に建設中である。これらの選定には、SPring-8の立地によって開発された新技術、人材の集積と兵庫県の科学技術政策の推進による関係機関との信頼関係が大きく寄与している。

ア　X線自由電子レーザー（XFEL（Xray Free Electron Laser））

XFELは、レーザーの波にそろった質のよい光の特性と放射光の短い波長の光の特性をかね備えた未領域の光の発生装置である。完成すれば、たとえば、フェムト秒というスピードで反応している植物の光合成や化学反応における触媒の働きが観測できると期待されている。

SPring-8の一キロメートルの長尺ビームラインに隣接して二〇一〇年完成を目途に建設中であり、直線距離は七〇〇メートル、建設費は三九〇億円。ドイツやアメリカで建設中のものに比べて、コストも直線距離も三分の一で計画されている。

全国的な誘致合戦もなくてSPring-8のキャンパスに設置が決定されたが、この設置には、SPring-8で開発された真空封止型アンジュレータなどの技術とこれらを開発した優秀な研究者群の存在があったこと、そして必要な直線七〇〇メートル以上の距離一キロメートルのフラットな敷地があったことが大きく貢献している。思えば、小さな空港用地並みの土地があらかじめ整備されており、キー研究者がそばで活動しているところなど全国どこを探してもなかったに違いない。

XFELが稼働すれば、画像化のためにオンラインでの膨大な情報処理（研究室の高速パソコンレベルでは、三次元画像一枚処理に七日を要する）が必要となるが、幸いにも神戸に建設される一秒間に一〇ペタ回計算が可能な次世代スーパーコンピュータを利用することによって、得られたデータの即時処理が可能となり、XFELの能力が十分発揮されることになる。

「幸いにも」というのは、どちらも二〇一〇年に完成すること、両施設を結ぶ情報回線として「ひょうご情報ハイウェイ」が活用できること（関係者は、さらにハイウェイの機能アップを要請）、近接地にあり回線の混雑が起こらないことである。この二つの国家基幹技術が兵庫県内に整備されることの意義は大きい。

イ　次世代スーパーコンピュータ

次世代スーパーコンピュータ計画は、横浜に設置された地球シミュレータが、一時期世界一のスピードを誇ったにもかかわらず、アメリカの危機感の前にあっという間に抜き去られてしまった反省もあって、常に世界一を達成することを目指す、という考え方で計画されたものである。

今回の一秒間に一〇ペタの計算を行う次世代スーパーコンピュータが二〇一一年に完成すれば、次々世代の計画に着手することも含めたものとなっている。

全国で神戸ポートアイランドなど一五ヵ所が誘致の名乗りをあげ、特に神戸にとって仙台の東北大学キャンパスが強烈なライバルとなった。

五ヵ所に絞り込んで詳細な比較検討が行われた。選定の条件は、二〇〇七年度中に着工できる用地が確保できること、必要な冷却用の用水が確保できること、交通、文化、生活などの都市基盤の整備状況、施設整備および運用コスト、そして計算科学技術の研究教育拠点（ＣＯＥ）形成のための支援などであった。

関係者の現地調査の際、「神戸を推す最大のものは何か？」と尋ねられ、県担当者は「科学技術に関して、国、理研と県、神戸市は長くおつきあいさせていただいており、信頼いただいているものと思っている。このことは、他府県には絶対勝っていると信じている」と答えた。

二〇〇七年三月二八日、神戸に立地が決定した。

次世代スーパーコンピュータの開発主体の理化学研究所は、発表にあわせて「（前略）理研は、これまでSPring-8、発生・再生科学総合研究センターおよび分子イメージング研究拠点の整備・運営などにあたって、兵庫県、神戸市ならびに地元の大学および産業界などとの間に密接な協力を積み重ねてきた実績があります。これらの協力・信頼関係は、次世代スーパーコンピュータ施設の整備、運用および全国の研究者などへの共用ならびに計算科学技術の研究教育拠点（COE）形成という本プロジェクトの目的・目標を達成するためにも十分に活かされるものと期待しております。（後略）」とコメントを発表している。

笑い話としては、発表日の朝、五時台のNHKニュースで、仙台に決定との地元取材による誤報が流されたことである。

次世代スーパーコンピュータの利用は、これを使いこなせる人材育成が大きな課題であり、兵庫県は、神戸大学と協力して県立大学に計算科学の大学院を新設し、全国の大学とも連携を図っていくよう準備を進めている。

また、次世代スーパーコンピュータはSPring-8とともに法律上内外に開かれた特定先端大型研究施設に位置づけられて、産業界の利用促進も重要課題となっている。このため二〇〇八年一月、産学官で「(財)計算科学振興財団」を設立し、産業界や大学など外部研究者への研究スペースの提供などの研究支援を行うこととしている。

### ④　世界のスーパーリサーチハブの形成

研究者が研究施設をつくり、それを利用する人が集まり、世界をリードする新しい発見、発明が生まれる。それがまた新しい研究施設を生み出し、それらが有機的に連携し、さらに能力を拡大するという世界的研究機能の自己増殖的好循環が兵庫県内で生まれている。

これほどの世界的な先端科学技術の研究基盤が集積されているところは世界でもそうみられないのではないかと思われる。まさしく世界のスーパーリサーチハブ兵庫である。

## （5）尼崎二一世紀の森構想とその波及効果

但馬空港管理事務所長　杉本　博
（元阪神南県民局二一世紀の森整備室長）

### ① 背　景

尼崎市の臨海地域は、大正時代から財閥系重化学工業の進出が増加し、戦前には民間による埋立と港湾整備が行われ、鉄鋼・電力を中心とする工業地帯が形成されていった。

戦後は高度経済成長が始まる一九五五年からドルショック直前の一九七〇年にかけて大きな経済成長を遂げ、同年には尼崎市の人口は五五万三六九六人とピークを迎えた。

しかし、その頃には「鉄のまち」と言われた尼崎の鉄鋼業は既に頭打ちとなっており、時代変化に応じた抜本的な産業構造の転換が難しく、次第に尼崎市の経済的地位は低下していった。また、産業活動と共に発生した大気汚染などの公害問題は深刻な状態になっていた。加えて、工場立地法による改築制限などの影響もあり、次第に工場の転出や跡地の遊休化が進み、昭和五〇年代には臨海西部地域の神戸製鋼所や関西電力第一、第二発電所跡地を中心に、低未利用地が多数みられるようになった。

こうした中で、一九九二年に議員立法により「大阪湾臨海地域開発整備法」が制定された。

関西の府県と政令市は整備計画を策定し推進することにより、都市活力向上と経済、文化など発展への寄与を目指すこととなり、兵庫県は尼崎臨海地域の再生を図るため、一九九四年一〇月に「尼崎臨海地域再開発のグランドデザイン」を策定し、同時に尼崎市でも尼崎臨海地域整備基本計画が検討されていた。

そうした最中の一九九五年一月一七日に阪神・淡路大震災が発生し、尼崎市（推定震度六）でも死者四九名、負傷者七一四五名、全壊五六八八棟、半壊三万六〇〇二棟の被害があった。阪神間では、多くの住宅が被災倒壊し、特に住宅用地の確保が急務となったことから、兵庫県と尼崎市は、神戸製鋼所工場跡地を中心とする約五五ヘクタールを対象として、震災復興事業の位置づけで「尼崎臨海西部拠点開発事業」に着手した。しかしその後、内陸部を中心に震災復興は急速に進み、復興住宅の必要性は低下した。また、新規の住宅需要も高まらず、数年後には震災復興の意義は薄れ、新たな土地利用を検討する必要が生じていた。

「尼崎二一世紀の森構想」は二〇〇〇年六月に貝原前知事の提案により検討が進められることになったものであるが、その背景にはこうした歴史的経緯のもとで、尼崎臨海地域が埋め立てにより豊かな自然を喪失した地域であること、工業化により発展・衰退し、その間に公害という大きな課題を克服した地域であることなどから、自然再生のまちづくりを進める象徴的な地域であるとの判断があったものである。

尼崎21世紀の森構想

### ②　尼崎二一世紀の森構想

本構想については、二〇〇一年四月に市民・産・官・学三五名からなる策定懇話会が設置され、二〇〇二年三月にまとめられた。これは、環境の世紀といわれる二一世紀を迎え、尼崎臨海地域を魅力と活力のある街に再生するため、陸域でも環境負荷を少なくし、ゆとりと潤いをもたらす「森と水と人が共生する環境創造のまち」

を目指す都市再生の取組みである。対象地域は、国道四三号線以南の約一〇〇〇ヘクタールとし、二一世紀を時間軸とした長期的な取組みを行う一大プロジェクトである。

実現性を担保するため、二〇〇一年一二月には国から都市再生プロジェクト（第三次）に選定されるとともに、二〇〇二年八月に推進母体である「尼崎二一世紀の森づくり協議会」が設置され、実現に向けた準備が整うこととなった。発表当時、一〇〇年という世代を超えた計画は非常に珍しく、実現可能性も含めて多くの人から注目を集めた。

③ **効　果**

ア　尼崎二一世紀の森づくり協議会の設立と運営

構想はあらゆる主体の参画と協働のもとで推進するとしており、こうした理念の具体化として、二〇〇二年八月に市民・企業、各種団体、学識者、行政からなる「尼崎二一世紀の森づくり協議会」が設立された。現在市民サポーターは二七〇名に上っており、森部会、まちづくり部会、産業部会、発信部会の四つの部会が組織され、市民主体で年間一五〇回程度の多方面な活動が実施されている。

また、二〇〇五年四月には、森を育てる勉強会「アマフォレストの会」が設立され、将来の「市民による森の番人」を目指して活動を始めている。会は生物多様性の創造と環境保全を目的として設立され、阪神間の流域から地域産の種を拾い・育苗・植栽と一貫した苗木づくりに取組んでいる。経済合理性が優先される都会の中で、森の基盤がまったくなかったこの場所で、このようなボランティア活動が成立することが実証された。活動されている方は、「公害のまち」尼崎のイメージを払拭しようと頑張っている。

イ　尼崎スポーツの森の建設と運営

「尼崎スポーツの森」は、スポーツを通じて健康増進することを目的とし、県事業初のＰＦＩ事業として、二〇〇四年五月着工、二〇〇六年五月竣工で供用開始した。主に水泳・アイススケート・フットサル・グランドゴルフが行われており、子どもからお年寄りまで幅広い年齢層の方が利用されている。運営初年度は目標一九万人を上回る二七万人の利用があり、二〇〇六年には天皇・皇后陛下、皇太子殿下のご臨席のもと、のじぎく兵庫国体・のじぎく兵庫大会の水泳競技が開催された。二〇〇七年度の利用者は三七万人で現在でも利用者は増加傾向にある。

最近では、北京オリンピックのスペインチームなどが水泳練習場として利用した。交通の便の悪い立地環境ではあるが、利用者の八割が家族連れで、阪神間の手軽なレジャー施設として広く利用されている。昭和三〇、四〇年代のこの地を知る人は、幼稚園児や小学生が歓声をあげて楽しんでいる風景をみて、あまりの激変に感動したと述べられていた。

建設当時、工業専用地域とスポーツ施設が混在することに違和感があったが、環境に配慮された工場群が次々と建設されるにつれてその危惧はなくなり、市民のレクリエーションの場として十分共存できることが確認された。

④　**波及効果**

ア　県・市による環境に配慮した工業用地の分譲

松下プラズマ第五工場の北側にある産業の育成・支援拠点（約八ヘクタール）は、兵庫県企業庁と尼崎市が工場用地を造成し、二〇〇六年五月から順次二二区画を分譲募集した。分譲価格は一二万円／平方メートル前後で、誘致条件は新しい環境に配慮した工場であったが、二〇〇八年三月時点でほぼ完売となっている。

また尼崎市の臨海地区では遊休地が多数みられたが、構想発表以後、国道四三号以南の一〇〇〇ヘクタールには、製造業では旭ガラス関西工場・ダイハツ工業・松下電器産業が、物流業ではAMBブラックパイン・花王・丸紅物流・プロロジスが進出し、現在ではほとんど遊休地がみられない状況となっている。

イ　松下プラズマディスプレイ工場の立地と操業

二〇〇四年五月、松下電器産業株式会社は、プラズマ・ディスプレイ・パネル工場をこの地に建設することを発表した。同社の立地は、茨木市の本社工場に近く、阪神間の中心部で、湾岸道路・水道・電気・下水道などの都市インフラが整っていたことに加えて、尼崎二一世紀の森構想が工場と環境の共生を目指す同社の経営方針と合致したことも大きな要因であるといわれている。

三つの工場で約五六〇〇億円の投資規模であり、四二型パネル換算で一七五万台／月の生産能力がある。松下プラズマ工場立地の波及効果として最も顕著なことは尼崎市の製造品出荷額で、同市では一九九一年の二兆一〇〇〇億円をピークに、二〇〇二年には一兆二〇〇〇億円まで減少していたが、フル稼動すればピーク時を上回るという見方が出てきている。また、従業員数は約五〇〇〇人の増加と見込まれており、市内雇用の受け皿として松下は大きな存在となっている。こうしたことに加えて、現在、大阪湾では尼崎市の松下プラズマ工場のほか、堺市のシャープ液晶工場、姫路市の松下など液晶工場の立地が進み、環境共生型の工場づくりとあわせて、プラズマや液晶の一大量産拠点「パネルベイ」として世界の注目を集めている。

今後開発が期待される場所として、東海岸町地先にある尼崎沖埋立処分場がある。ここは、一一三ヘクタールに及ぶ新しい大地をつくっており、近畿圏で発生する廃棄物の適正処理と都市の活性化に応える「大阪湾フェニックス計画」に基づいた埋立地である。南側は焼却灰など管理型廃棄物の最終処分場であり、地盤が安定するまで時間がかかるため早期の土地売却は困難であるが、北側は陸上残土・浚渫土砂など安定型廃棄物の最終処分場であり、ここ数年で埋立が完了する見込みで新しい土地利用が望まれている。

## ⑤ まとめ

尼崎臨海地域の土地利用は社会経済情勢とともに大きく変化してきたが、そうした中にあって普遍的に取組むべきテーマは環境であるとの認識のもとで、尼崎二一世紀の森構想に基づきまちづくりを進めてきた。その結果、松下はじめ多くの企業やスポーツ健康増進施設「尼崎スポーツの森」が立地し、新しい工業都市像が再構築されることになり、まちづくりとして大きな成果をあげることができた。

今後も引き続き着実にまちづくりを進めることにより、近い将来、尼崎市が環境と共生した「工都」として完全復活し、世界に都市再生のモデルとして広く情報発信できることを期待している。

# あとがき

（財）ひょうご震災記念21世紀研究機構は、阪神・淡路大震災とその復興のプロセスの実相を記録し後世に伝えることを目的として、それに携わった行政・地元経済界・報道・NGO並びに震災犠牲者の遺族を対象にインタビューや聞きとり調査をするオーラルヒストリー事業を実施している。担当は五百旗頭真（防衛大学校長）、林春男（京都大学防災研究所教授）、室崎益輝（関西学院大学教授）の各氏で、一九九八年度から今日まで四二八件が完了した。

ところでこの事業開始の前提として、三〇年間は公表しないこととして実施した。しかし、地球的規模で地震が活動期に入ったといわれる今日、阪神・淡路大震災オーラルヒストリーの記録から、災害への備えや復興についての教訓を学ぶことは、行政による災害対策や復興対策の立案はもとより、市民の防災意識を高めるうえでも極めて有用である。そこで、震災一五周年にあたり、一定の利用基準を満たすものについては対象者のご了解を得て、可能な限り公表することとした。

私も当然その研究対象者の一人であり、二〇〇一年一〇月五日、五百旗頭チームよりインタビューをうけたのであるが、その内容は一九九五年一月一七日の大震災当日の対応状況が中心であった。そして今回の公表について異議はないので了解したのであるが、震災対策としては当日の部分は全体からすると僅かにしか過ぎないので、この際改めて被災地の災害対策の責任者である知事の立場にあった私自身が、震災対策から復興対策の過程において、どのように考え、どのように対応したかについて、自ら語った内容をもとにとりまとめたのが本書である。

自画自賛であったり、弁解がましいとのお叱りを受ける部分があるかもしれないが、ありのままを素直に語ったつもりである。また、一部は既に公表したものもあることをご理解いただきたい。

私の震災体験が今後の危機管理や防災・減災対策、安全安心なまちづくりに少しでも役立つことを祈念してやまない。

最後に、文中でご発言や資料を引用させていただいた皆様、本書の刊行に私の分に過ぎるお言葉を寄せていただいたオーラルヒストリー担当の五百旗頭真氏や当機構の林敏彦研究統括、楠綾子主任研究員をはじめ、出版にあたってお世話になった多くの方々に改めて衷心より感謝申しあげたい。

**著者の略歴**

**貝原 俊民**（かいはら　としたみ）

現職：財団法人ひょうご震災記念21世紀研究機構理事長
1933年生まれ。東京大学法学部卒業後、自治省入省。1970年兵庫県課長、部長、副知事を歴任。1986年兵庫県知事に当選、4期15年にわたり“こころ豊かな兵庫”を目指して県政を展開。また、全国知事会府県政懇談会専門部会部会長(1992.2～1993.7)、行政改革推進本部地方分権部会本部専門員(1994.5～1994.12)、地方制度調査会委員（1998.4～2006.2)、税制調査会委員（2000.9～2003.9)、中央防災会議専門委員(2002.9～2003.10)などを務めた。2006年4月から現職。

おもな著書
『新兵庫物語』『地方行政管理講座』『兵庫2001年』『田園交響楽』『惜福の工夫』『大震災100日の記録』『大地からの警告』

兵庫県知事の阪神・淡路大震災—15年の記録

平成21年9月1日　発　行

著作者　貝　原　俊　民

発行者　小　城　武　彦

発行所　丸 善 株 式 会 社

出版事業部
〒103-8244　東京都中央区日本橋三丁目9番2号
編集：電話(03)3272-2457／FAX(03)3272-0527
営業：電話(03)3272-0521／FAX(03)3272-0693
http://pub.maruzen.co.jp/



組版・ソフト・エス・アイ株式会社／印刷・製本・富士美術印刷株式会社

ISBN 978-4-621-08166-2　C 0036　Printed in Japan